U0958306

保险新零售产业价值链的转型和创新

李鹏 著

立信会计出版社
LIXIN ACCOUNTING PUBLISHING HOUSE

图书在版编目(CIP)数据

保险新零售产业价值链的转型和创新/李鹏著. —
上海:立信会计出版社,2021.4
ISBN 978-7-5429-6770-1

Ⅰ.①保… Ⅱ.①李… Ⅲ.①保险业务—销售—研究
Ⅳ.①F840.41

中国版本图书馆 CIP 数据核字(2021)第 041689 号

策划编辑 王艳丽
责任编辑 王艳丽

保险新零售产业价值链的转型和创新
Baoxian Xinlingshou Chanye Jiazhilian de Zhuanxing he Chuangxin

出版发行	立信会计出版社		
地　　址	上海市中山西路 2230 号	邮政编码	200235
电　　话	(021)64411389	传　　真	(021)64411325
网　　址	www.lixinaph.com	电子邮箱	lixinaph2019@126.com
网上书店	http://lixin.jd.com		http://lxkjcbs.tmall.com
经　　销	各地新华书店		

印　　刷	江苏凤凰数码印务有限公司
开　　本	710 毫米×1000 毫米　1/16
印　　张	12.75
字　　数	171 千字
版　　次	2021 年 4 月第 1 版
印　　次	2021 年 4 月第 1 次
书　　号	ISBN 978-7-5429-6770-1/F
定　　价	69.00 元

如有印订差错,请与本社联系调换

前　　言

随着我国经济进入新常态，经济增长转为中高速，人们不再满足于基本的物质需求，我国开始迈入消费升级时代。伴随着互联网金融的发展，人们的保险需求也逐步被激发出来，近年来我国保险行业的保费年均增长率持续增长。截至2019年年底，我国保险行业全年实现原保险保费收入42 645亿元，同比增长12.2%，位列世界第二。其中，人身险原保险保费收入为30 996亿元，同比增长13.8%；财产险原保险保费收入为11 649亿元，同比增长8.2%。同时，我国保险行业总资产达到205 600亿元。

2017年3月，阿里研究院发布的《新零售研究报告》认为，新零售是以消费者体验为中心的数据驱动型泛零售业态，消费者中心论是新零售概念的根本，数据驱动是未来商业形态的发展逻辑，泛零售业态将重新定义商业业态的新形势，传统的实体店概念和网店概念都将被突破。从我国保险行业的历史发展进程来看，我国传统保险营销体制过度依赖银行代理渠道和个人代理渠道，但保险代理人和银行更看重的是渠道费和佣金，加之中介代理机构的专业性不强，因此，现有的保险销售导向仍然以佣金利润为中心，而非以被保险人的个性化需求为中心，这与当前消费驱动经济发展的大环境格格不入。在新零售时代，消费者掌握了消费的主动权，消费者的消费需求变得多样化与个性化。同时，生活节奏的加快令消费者更加重视消费体验的场景化和便捷化。因此，我国保险产业价值链渠道的整合、变革以及保险商品与消费场景的升级势在必行。

新零售概念推动了传统商业和电子商务的重构与升级，促使“人”“货”“场”三要素发生了翻天覆地的变化，并给供应链数字化带来了巨大的挑战。在此之前，我国保险营销渠道过度依赖线下人力推动，线上营销渠道占比较低，而且线上和线下服务体验割裂，不利于塑造以消费者为中心的购买体验。

保险产品虽然也是一种商品，但它与制造业产品有较大的差异，因为保险产品具有无形性、承诺性和风险性等特点，而且保险产业价值链的前端环节较长，后端环节较短。作者认为，保险产业价值链是指与保险相关的各企业以消费者需求为中心，在组织网络内实现信息资源的共享，为顾客创造差异化价值，从而共同构成的一个共生性保险行业组织网络。也就是说，保险产业价值链由产品设计、保险营销、承保流程、保险理赔、售后服务、资金运转和技术支持七个部分组成。

本书在阿里研究院提出的新零售思路的基础上，重构了保险销售的渠道结构和产业价值链分工，提出了以消费者个性化需求为导向的保险产业价值链生态圈。本书共分为八章。第一章为绪论，主要介绍了我国保险业的发展现状以及传统保险业的痛点。第二章为我国保险业发展环境分析，主要从政策环境、经济环境、社会环境、技术环境和消费环境五个角度对我国保险业的发展环境进行了分析。第三章为新零售与保险产业价值链，主要介绍了新零售的概念和保险产业价值链的组成，并对新零售与保险产业价值链的融合进行了分析。第四章为新零售下保险产业组织形态的转型逻辑，主要介绍了基于“新零售之轮”理论的轮转周期、产业价值链整合理论、商业模式轨道演进理论、颠覆式创新理论和产业融合理论。第五章为新零售下保险产业组织的实践模式，主要提出了保险新零售的全渠道模式、平台模式、价值共创模式、共享经济模式、意见领袖驱动模式和保险商业生态圈模式。第六章为现代信息科技在保险新零售中的应用，主要提出了5G通信、云计算、大数据、人工智能和区块链在保险新零售中的应用场景和思路。第七章为保险新零售产业价值链的布局与创新，主要介绍了保险新零售产业价值链布局的内容和形态，提出了重构保险市场要素的建议。第八章为保险新零售产业价值链发展建议，提出了对保险新零售产业价值链发展思路、发展路径和技术布局的建议。

本书立足于新零售与保险业的融合发展，创新性地分析了新零售在保险业中的运用以及新零售与保险从业人员的关系，并从保险从业人员的角度对保险新零售的利与弊进行了思考。目前，学术界在这方面的研究较少，本书的出版有望为我国保险业发展模式的转型升级提供有益的理论指导。

作者在本书的写作过程中参考了大量已出版和已发表的研究成果，在此向本书所用成果的作者表示诚挚的感谢。此外，立信会计出版社的领导和王艳丽编辑对本书的出版给予了大力的支持和帮助，作者在此表示衷心的感谢。

由于作者水平有限，本书难免存在一些不完善甚至谬误之处，敬请各位同行和广大读者不吝赐教，提出宝贵的意见和建议。

作者

2021年1月于上海

目　　录

第一章　绪论 ………………………………………………………… 1

第一节　保险业的发展规模 / 1

第二节　我国保险业营销模式的发展 / 5

第三节　我国传统保险业的痛点 / 23

第四节　新零售对保险业的重塑 / 27

第二章　我国保险业发展环境分析 ………………………………… 29

第一节　政策环境分析 / 29

第二节　经济环境分析 / 31

第三节　社会环境分析 / 35

第四节　技术环境分析 / 39

第五节　消费环境分析 / 42

第三章　新零售与保险产业价值链 ………………………………… 45

第一节　新零售概述 / 45

第二节　保险产业价值链概述 / 61

第三节　新零售与保险产业价值链的融合分析 / 66

第四章　新零售下保险产业组织形态的转型逻辑 ………………………… 81
第一节　基于“新零售之轮”理论的轮转周期 / 81
第二节　产业价值链整合理论 / 88
第三节　商业模式轨道演进理论 / 92
第四节　颠覆式创新理论 / 99
第五节　产业融合理论 / 106

第五章　新零售下保险产业组织的实践模式……………………………… 111
第一节　保险新零售的全渠道模式 / 111
第二节　保险新零售的平台模式 / 116
第三节　保险新零售的价值共创模式 / 123
第四节　保险新零售的共享经济模式 / 129
第五节　保险新零售的意见领袖驱动模式 / 136
第六节　保险商业生态圈模式 / 140

第六章　现代信息科技在保险新零售中的应用…………………………… 148
第一节　5G 通信技术在保险新零售中的应用 / 148
第二节　云计算在保险新零售中的应用 / 150
第三节　大数据技术在保险新零售中的应用 / 151
第四节　人工智能在保险新零售中的应用 / 154
第五节　区块链技术在保险新零售中的应用 / 158

第七章　保险新零售产业价值链的布局与创新…………………………… 161
第一节　保险新零售产业价值链布局的内容 / 161
第二节　保险新零售产业价值链布局的形态 / 165
第三节　重构保险市场的要素 / 169

第八章　保险新零售产业价值链发展建议…………………………… 174
第一节　保险新零售产业价值链发展思路 / 174
第二节　保险新零售产业价值链发展路径 / 177
第三节　保险新零售产业价值链技术布局 / 184

参考文献…………………………………………………………………………… 189

第一章 绪论

第一节 保险业的发展规模

一、我国保险业的发展规模

随着我国经济进入新常态，各经济主体对风险管理的需求逐步增加，保险作为一种传统而且有效的风险管理措施，其价值愈发凸显。近年来的统计数据显示，我国中产阶级的崛起支撑起了保险业的飞速发展，保险行业中的原保险保费收入每年都有显著的增长。图 1-1 为国家统计局发布的 2009—2018 年保费收入情况，从图中可见，2013 年我国原保险保费收入已达 1.72 万亿元，2014 年我国原保险保费收入突破 2 万亿元，2016 年我国原保险保费收入超过 3 万亿元，2017 年我国原保险保费收入为 3.66 万亿元，同比增长为 18.16％，2018 年我国原保险保费收入为 3.80 万亿元，同比增长为 3.83％。由此可见，2018 年我国原保险保费收入的同比增速降低了 14.24％。究其原因，长年以来我国保险行业的增长是粗放型的，并没有满足消费升级背景下消费者的个性化需求。根据国外保险行业的发展经验，标准化与大众化的保险产品最终会被个性化的保险产品取代，因为信息科技时代的到来将推动保险行业朝着科技化领域发展，并驱动保险行业进行模式创新、产品创新与服务创新。

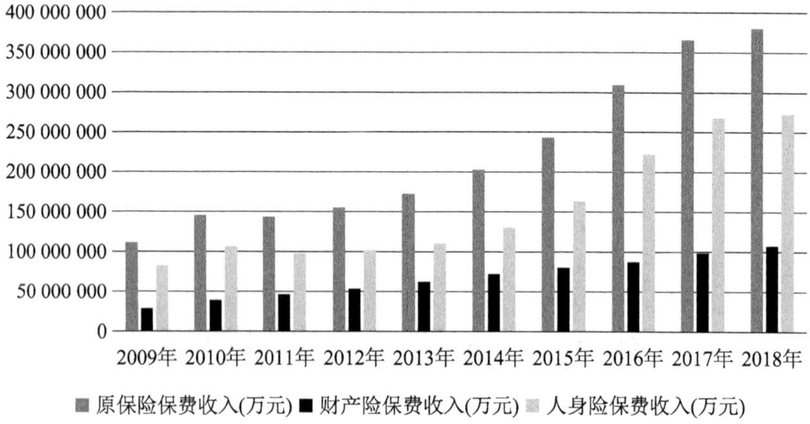

图 1-1　2009—2018 年我国保险业保费收入情况

二、世界保险业的发展规模

2019 年，瑞士再保险研究院（以下简称瑞再研究院）发布了《世界保险业：重心继续东移》（*World Insurance：The Great Pivot East Continues*）研究报告。根据该报告，在总保费方面，如表 1-1 所示，2018 年全球保险行业的保费收入规模首次达到 5.19 万亿美元，约占全球生产总值的6.1%。分险种来看，2018 年寿险保费收入为 2.82 万亿美元，非寿险保费收入为 2.37 万亿美元。在寿险领域，由于需求不足，低利率和监管削弱了储蓄类产品的销售。在非寿险领域，车险保费收入为7 750亿美元，占比为 33%；财产险保费收入为4 000亿美元，占比为 17%（如图 1-2 所示）。由此可见，车险保费收入仍占据非寿险保费收入的 1/3。但在未来，先进驾驶辅助系统的创新及自动驾驶汽车的面世将导致车险保费的占比下降，因为新技术有望降低交通事故发生的频率和严重程度。

表 1-1　2016—2018 年全球保险业保费收入　　单位：万亿美元

年份	2016	2017	2018
保费收入	4.70	4.89	5.19

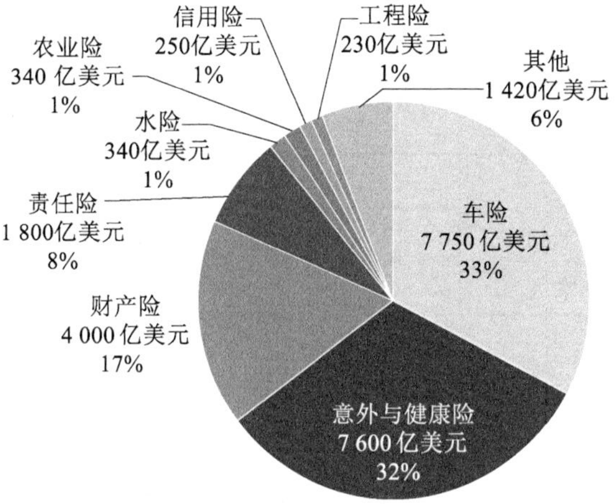

图 1-2　2018 年全球非寿险分险种保费收入情况

三、中外保险业发展规模对比

2018 年，我国原保险保费收入为 3.80 万亿元人民币。2019 年，我国原保险保费收入为 4.26 万亿元人民币，同比增长 12.1%，占世界保险业比重的 11%，世界排名第二。但是，相比于美国保费收入规模，我国还有不小的差距，2018 年美国保费收入已达 1.35 万亿美元，占世界保险业比重的 28%，是我国保费收入的 2.55 倍。根据瑞再研究院发布的《世界保险业：重心继续东移》研究报告，到 2029 年，我国保险市场份额将达到 20%，美国将降为 25%。1980—2029 年世界保险市场份额如表 1-2 所示。

表 1-2　1980—2029 年世界保险市场份额

排名	国家	1980 年	2018 年	2029 年(预测)
1	美国	42%	28%	25%
2	中国	0	11%	20%
3	日本	16%	8.5%	7.1%
4	英国	7.4%	6.5%	4.7%
5	法国	5.5%	5.0%	3.5%
6	德国	8.6%	4.7%	3.5%
7	韩国	0.4%	1.9%	3.3%
8	意大利	0.3%	3.4%	3.2%
9	加拿大	1.8%	3.3%	2.7%

保险深度是指某地保费收入占该地 GDP 的百分比，衡量的是保险行业在经济结构中的重要性地位，由于各国的资源禀赋不同，其保险深度自然也有高低之分。2018 年，我国大陆地区的保险深度为 4.22%，世界排名第三十八；我国台湾地区的保险深度为 20.88%，世界排名第一；我国香港地区的保险深度为 18.16%，世界排名第二；美国的保险深度为 7.14%，世界排名第十七。由此可见，我国大陆地区的保险深度仍然处于较低水平。

保险密度是指按限定的统计区域内常住人口平均保费的数额，反映了国民参加保险的程度。根据瑞再研究院发布的《世界保险业：重心继续东移》研究报告，2018 年，我国大陆地区的保险密度为 406 美元，世界排名第四十四；我国香港地区的保险密度为8 863美元，世界排名第二；我国台湾地区的保险密度为5 161美元，世界排名第六；美国的保险密度为4 481美元，世界排名第十二。表 1-3 为 2018 年世界主要国家和地区保险深度和保险密度情况。从表 1-3 可以看出，我国的总保费收入虽然很高，但保险密度与保险深度较低，两者都低于世界平均水平，与美国相比，更是相差悬殊。另外，根据瑞再研究院发布的相关报告，我国大陆地区

2018 年 406 美元的保险密度仅与美国、英国、德国、法国 1975—1980 年的保险密度相当。也就是说，我国的保险密度水平与这些国家的差距为 40 年左右。因此，尽管我国保费收入水平达到了世界第二，但保险密度和保险深度仍然和发达国家相差甚远。同时，这也意味着我国的保险市场仍有很大的发展空间。

表 1-3　2018 年世界主要国家和地区保险深度和保险密度

国家	保险密度(美元)	排名	保险深度	排名
美国	4 481	12	7.14%	17
中国	406	44	4.22%	38
日本	3 466	16	8.66%	11
英国	4 503	11	10.61%	6
法国	3 667	12	8.89%	10
德国	2 908	20	6.03%	23
韩国	3 465	17	11.16%	5
意大利	2 852	21	8.34%	13
加拿大	3 457	18	7.48%	16
中国台湾	5 161	6	20.88%	1
中国香港	8 863	2	18.16%	2

第二节　我国保险业营销模式的发展

一、保险中介营销模式

(一) 保险中介营销模式现状

改革开放以来，我国保险行业发展蒸蒸日上，保险营销模式逐步从单一化走向多元化。但是，我国保险市场仍然处于发展的初级阶段，与世界发达国家的保险市场相比仍然存在很大的差距。1992 年，友邦保险有限公司上海分公司最早引入个人代理保险营销模式，在保险市场上取得了飞速发展。在此之后，我国其他保险公司也争相模仿这种个人代理模式，以“唯保费论英雄”的方式寻求公司业务的快速扩张，这也迎合了当时我国经济高速增长的背景。在中国平安保险股份有限公司（以下简称中国平安）、中国人寿保险股份有限公司（以下简称中国人寿）、中国太平洋保险股份有限公司（以下简称中国太保）等大型保险公司的带领下，个人代理保险业务模式得到了快速推广。随着我国保险行业的快速发展，2019年，在我国银保监会注册的保险公司已经有 198 家，其数量近乎达到了1992 年的 50 倍。但这种粗放型保费扩张方式的有效性不足，以个人代理为主的营销模式不足以支撑保险行业的快速发展。

除了个人代理以外，寿险和车险营销仍然过度依赖商业银行、汽车销售商等中介机构，保险公司可自主掌控的销售渠道较少，难以建立全产业链的保险营销系统。普华永道会计师事务所发布的《中国保险中介行业发展趋势白皮书》显示，2011—2018 年，我国中介渠道保费收入逐年增加，占比也居高不下，如图 1-3 所示。鉴于个人代理和中介渠道较高的占比，保险公司一直承担着较高的营销费用。2013—2018 年，我国中介渠道

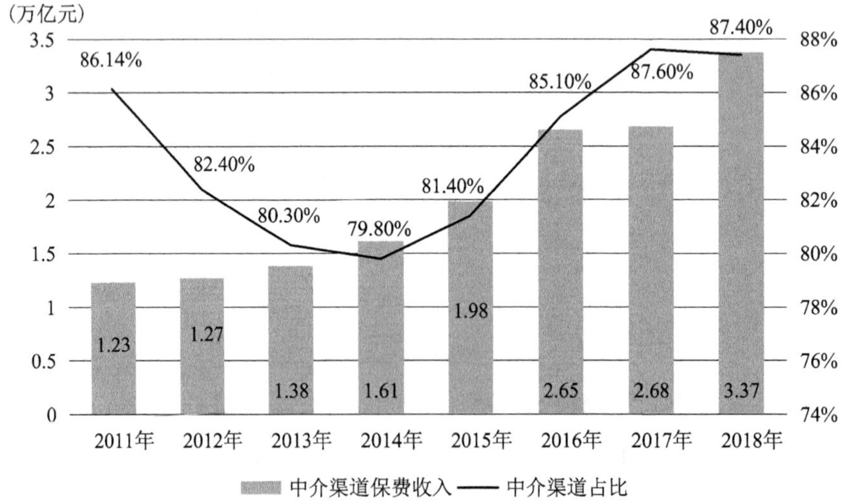

图 1-3　2011—2018 年我国中介渠道保费收入情况

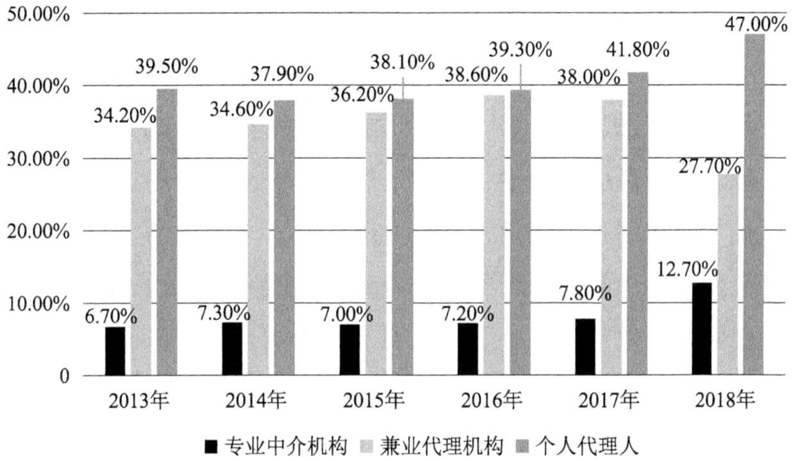

图 1-4 2013—2018 年我国中介渠道保费收入结构

保费收入结构如图 1-4 所示。从图 1-4 中可知，个人代理人渠道的保费收入占比一直高于专业中介机构和兼业代理机构，2018 年个人代理人渠道的保费收入占比高达 47.00%。这导致保险保费居高不下，行业淘汰率过高。

（二）保险中介营销模式的挑战

相比之下，我国外资保险公司的管理方式和营销战略更加成熟，其保险销售和服务经验也比国内保险公司更为丰富。同时，信息科技的快速发展也逐步推动了我国保险业从传统营销模式向网络营销模式转型。1997 年，我国第一家保险网站——中国保险信息网上线，正式宣告了我国网络保险时代的开始。自此，我国保险营销开始从传统渠道走向线上渠道。然而，1997—2012 年，我国网络保险的发展并不顺利。这是由保险产品本身的复杂性决定的，而且当时我国保险行业的知名度低、口碑差，网络保险的整体市场环境不成熟。尽管 2005 年颁布的《中华人民共和国电子签名法》为网络保险提供了渠道上的便利性，但是从功能意义上来看，网络渠道仅能作为保险营销的补充渠道，本身并不具有开拓市场的能力。

2013 年以来，我国开始进入 4G 移动互联网时代。《中国互联网络发展状况统计报告》公布的数据显示，2008—2018 年，我国互联网普及率逐年上升，至2013年，我国互联网普及率已经达到45.8%，2018年更是高达59.6%，如图1-5所示。移动互联网时代催生了一系列的商业化信息科技应用，如大数据、云计算、人工智能、物联网和区块链等，这些信息技术促使互联网金融应运而生。移动互联网与保险业的迅速融合，大幅提升了人们与虚拟终端的接触频率和时间。同时，在精准算法的支持下，保险公司已经能够掌握消费者的全景画像，并能够利用大数据来推理用户的保险需求。这进一步催生了互联网与保险结合的新产品和新模式，改善了网络渠道的被动性问题。自此，保险公司在客户营销与服务上开始占据主动权，并凭借移动互联网对保险产业价值链的整合优势，逐步推进保险产业价值链的转型升级。

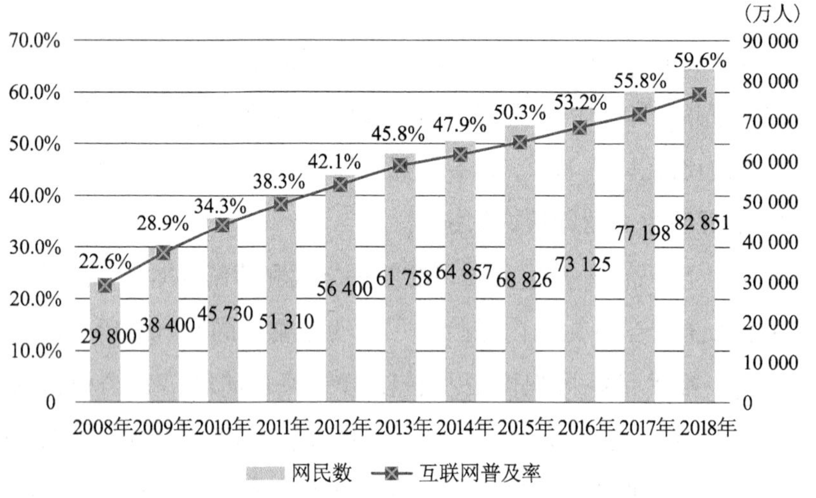

图1-5　2008—2018年我国网民数及互联网普及率结构

互联网的普及、电子商务的日益成熟以及传统销售渠道的局限和弊端等因素为互联网保险的快速发展创造了有利条件。2012—2018年，我国互联网保险保费收入不断增长，从111亿元增长到1 889亿元。其中，2013—2015年保费增速最快，分别达到了186%、170%和160%。但是，互联网保险在经历了爆发式增长之后，其保费收入增速自2016年开始大幅下滑，2016年互联网保险保费收入同比增长率仅为3%，2017年互联网保险保费收入为1 876亿元,同比下降18%,这是互联网保险保费收入从2012年以来首次出现逆增长。根据中国保险行业协会公布的数据,2018年我国互联网保险保费收入为1 889亿元,仅比2017年增加了13亿元。这主要与互联网人身保险保费的持续下滑有关。此外,从艾瑞咨询发布的《2019年中国互联网保险行业研究报告》来看,2012—2015年,我国互联网保费渗透率不断上升,从2012年的0.7%上升到2015的9.2%,但自2016年开始便逐步下降,2016年为7.4%,2018年仅为5%,如图1-6所示。互联网保险保费收入和渗透率在2016年都开始下降的主要原因是自2016年开始,原中国保险监督管理委员会(以下简称保监会)对中短期理财产品的监管越来越严格,而且互联网车险业务也因商业车险费率改革而持续下滑。

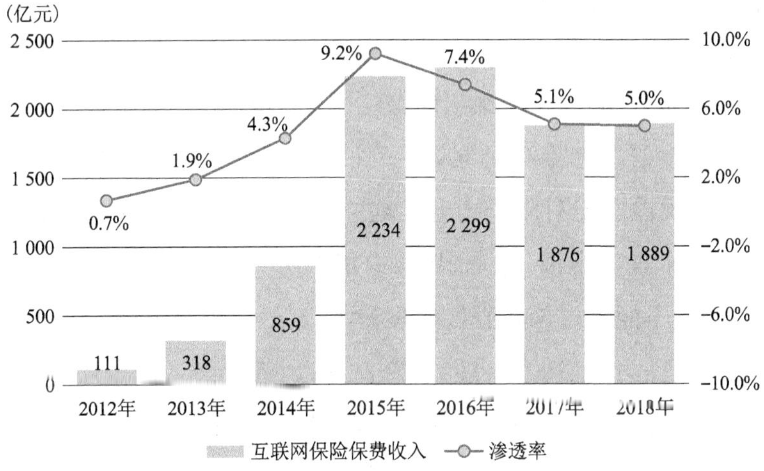

图1-6 我国互联网保险保费收入及渗透率

在消费升级的驱动下,人们的自主保险需求开始形成,消费者对保险营销和服务的期望也在同步提升。但是,由于长期以来我国保险业过度依赖粗放型的个人代理营销模式,而且保险代理人员的素质普遍不高,这严重制约了保险营销的转型升级。同时,保险中介机构仅以佣金收入为目标,缺乏专业的保险知识与工作素养,导致消费者的保险忠诚度不高。

2016 年，原保监会印发《中国保险业发展“十三五”规划纲要》，鼓励保险公司发展多元化的保险营销模式，积极落实“互联网+”行动，在商业模式、销售渠道、产品服务等领域进行创新，让消费者权益得到有效保护。由此可以看出，我国保险行业的营销模式正在面临严峻的转型局面，保险公司只有进行营销多元化改革，并自主控制价值链中的服务环节，才能满足“千人千面”消费时代的客观需要，才能有利于保险行业的长远发展。

二、互联网保险模式的发展历程

（一）网站化保险时代

如前文所述，1997 年年初，我国成立了第一家保险网站，即中国保险信息网。当时，我国的互联网保险业务刚刚起步，互联网保险营销主要通过保险网站的网页向浏览者提供信息服务。随后不久，互联网的交互功能开始被诸多 IT 从业者开发出来，互联网逐步从单一信息传递变为双向信息交互，即客户通过功能选项向保险网站发送信息，网站管理者通过后台系统对这些信息进行处理与反馈。2000 年，中国平安保险股份有限公司和太平洋保险股份有限公司开始建立自有保险公司网站，并陆续通过网络接收到了投保申请，但是限于《中华人民共和国保险法》以及电子交易政策，用户不能通过网络直接办理保单投保、资料审核、合同签名、保费付款等业务，因为网络保单合同需要投保人、被保险人和保险人的签名。这给用户的网上投保增加了难度。同时，由于我国个人电脑尚未普及，电子商务市场的交易主体基本是企业，个人消费市场尚未得到开发。因此，互联网保险业务进展缓慢。

（二）电商保险时代

2005 年，《中华人民共和国电子签名法》的颁布确立了电子签名的法律效力，从而使消费者通过互联网购买保险成为可能。这为互联网保险提供了第一次扩张机遇。于是，中国人寿、中国平安、中国太保等保险集团都率先通过自有网站推出了电子保单，并开通了网上投保业务。2006

年，我国成立了第一家第三方网络保险平台——慧择保险网。该网站是一家互联网保险平台，多家保险公司通过该平台推出了涵盖旅游保险、儿童保险、重疾保险、中老年保险等多品类的上千款产品。自此，我国的互联网保险业务得以迅速拓展。慧择保险网相关数据显示，2012—2015年，慧择保险网的在线保单成交额逐年增加，其复合增长率超过100%，如图1-7所示。可以看出，随着互联网用户的井喷式增长，虽然互联网保险业务发展较快，但是受限于计算机的使用时间、地点和场景，保险公司的主流保险产品并没有很好地融入互联网销售平台，保险公司只是将传统保险产品机械地照搬到网上售卖，而且电商的交互性服务较差，难以为客户解释复杂繁多的保险合同条款，因此，互联网保险渠道只能吸引具有保险购买经验的消费者。

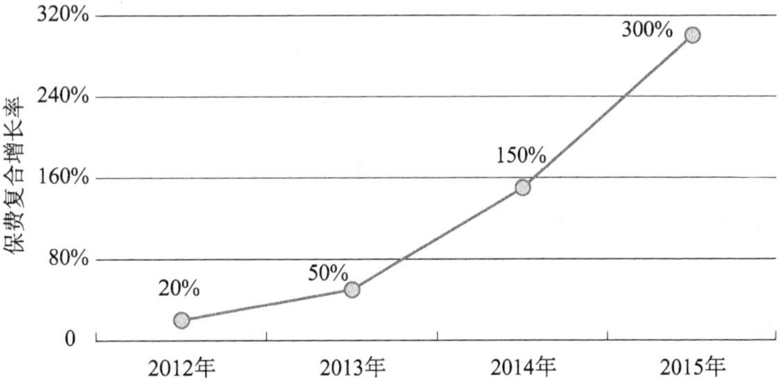

图1-7 2012—2015年保险电商平台的保费复合增长率

（三）“互联网＋保险”时代

1. “互联网＋保险”发展现状

随着“互联网＋”模式的成熟，信息科技与传统产业的融合已经成为我国经济转型升级的主要路径，不仅是农业与制造业，金融业的产品和业务模式也在“互联网＋”的热潮中不断更迭，催生了一系列新兴的金融业务形式。与此同时，我国互联网巨头也开始涉足保险行业，它们将成熟的信息科技体系作为技术支持，并将互联网流量作为突破口，对传统的保险业务模式形成了巨大的冲击。2018 年，我国多家互联网技术公司开始入股传统保险公司，如百度、阿里巴巴、腾讯、京东等，这些公司通过自身庞大的流量实力建立起强大的互联网营销渠道，并借助大数据、云计算与人工智能技术强化互联网营销，从场景化、定制化角度建立渠道优势，对传统保险公司形成了挤出效应。因此，自 2015 年以来，随着人工智能技术的成熟，深度学习、机器视觉、语音识别等算法的优化与交互技术的应用，使我国"互联网＋保险"进入了快速发展轨道。

2013 年，得益于移动互联网的普及，我国正式进入互联网金融时代。2018 年的《中国互联网络发展状况统计报告》显示，我国智能手机的普及率在 2012—2016 年迅速提升，2012 年为 74.5%，2016 年达到 95.1%，如图 1-8 所示。在此背景下，各行各业都纷纷改革商业模式，积极开拓移动渠道，从而催生了诸多关于数据的信息科技，如大数据、云计算、人工智能、物联网、机器视觉等。同时，互联网保险也掀起了新一轮的发展浪潮，移动互联网和保险的跨界结合越来越紧密，互联网保险营销获得了突破性进展。此外，在普惠金融的驱动下，基于便捷的移动设备，理财型保险的保费收入得到了飞速增长。

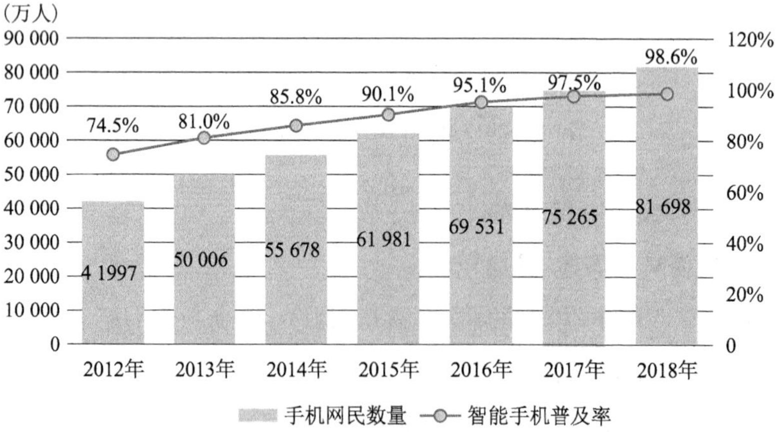

图 1-8　2012—2018 年我国手机网民发展趋势

互联网保险销售渠道主要分为官方自营渠道和第三方渠道。艾瑞咨询发布的《2019年中国互联网保险行业研究报告》显示，从渠道市场份额的角度来看，第三方渠道保费收入占据了互联网保险保费收入的主要来源。如图1-9和图1-10所示，在互联网财产险方面，其第三方渠道保费收入占比自2015年以来逐年上升，到2018年达到52.4%；在互联网人身险方面，虽然其第三方渠道保费收入自2016年以来每年均有所下降，但占比始终在83%以上。这得益于互联网保险产品结构的不断优化，即在互联网保险保费收入增速整体下降的背景下，通过第三方渠道产生的保费在互联网财产保险领域继续快速增长。与官方专有渠道相比，第三方在线平台具有更多的用户场景，而且专业的保险中介机构还能够为用户提供高质量的服务。这不仅改变了传统保险的销售方式，而且赋予了互联网保险更多的现实意义。

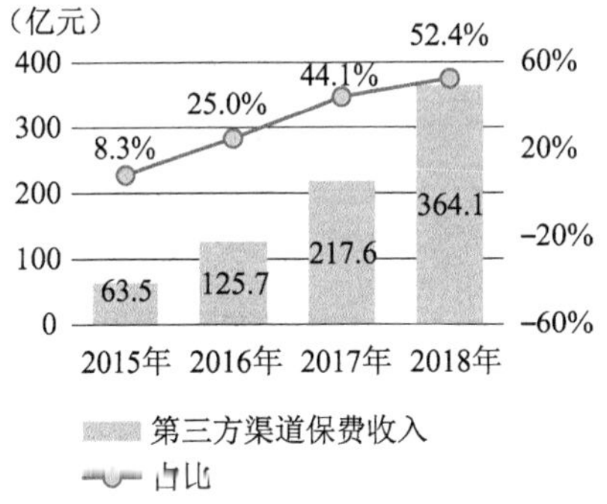

图1-9 我国互联网财产险第三方渠道保费收入及占比情况

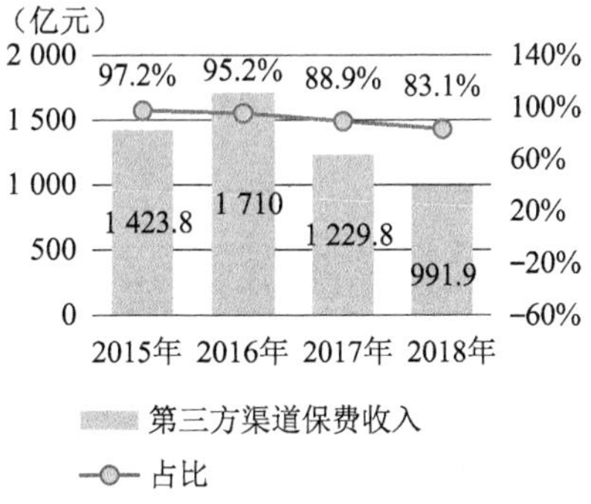

图1-10 我国互联网人身险第三方渠道保费收入及占比情况

2. “互联网+保险”的影响

1）对营销的影响

在营销方面，互联网保险的核心理念是将传统的保险业务融入互联网基因，即通过咨询网站、官方App、保险超市、保险电商平台、B2C电商平台、社交网站、场景商业等多种营销渠道布局保险销售，铺设多元化的保险业务路径，具体如表1-4所示。在互联网保险发展早期，第三方电商平台是线上保险销售的主力渠道，这是因为第三方电商平台掌握着商业变现的关键流量资源，积累了庞大的用户群，并通过网络的外部性不断吸引更多的人群，形成了规模庞大的消费者行为偏好数据，从而在线上营销中占据了强势地位。因此，诸多保险公司都在淘宝、天猫、京东等大型购物平台上建立了官方旗舰店。同时，诸多新兴的社交媒体平台、第三方支付平台和互联网金融平台也具有强大的流量优势，如微信、支付宝、陆金所等，也吸引着越来越多的保险公司与其进行合作。

表1-4　互联网保险营销渠道

分类	营销渠道	案例
传统互联网保险	保险公司自建网站	保险公司官网
	第三方网络保险平台	慧择网
	专业互联网保险公司	众安保险
	入驻合作	电商平台旗舰店
移动互联网保险	移动业务平台	平安MIT
	官方App	泰康口袋保险
	微信渠道	平安保险商场
	其他第三方应用	携程网嵌入式意外险

2）对服务渠道的影响

在服务渠道方面，由于第三方平台的收费较高，一些大型保险集团基于成本与效益的考虑，也会利用自身资金与品牌效应来建立官方服务渠道。以中国平安为例，它旗下拥有银行、证券、保险等多项业务，因此，中国平安将服务功能整合到平安金管家、平安好车主、平安一账通、平安保险商场等App中，不同App之间具有联动效应，积累了较高的用户活跃度，为线上保险业务销售提供了良好的支持。

3）对产品与服务创新的影响

首先，随着移动互联应用技术的发展和智能手机普及率的提高，App用户的黏性越来越高。这为保险公司开发场景型保险产品提供了机会。比如，在与订购机票、酒店、餐饮等相关的App上，保险公司基于场景开发了植入型延误险。这类场景化产品的单价较低，理赔过程较为方便，为客户提供了良好的理赔体验。不过，互联网保险也进一步催生了一系列新兴保险产品，如中秋赏月险、脱单险、天气险等。这类保险产品本身不具有保障性质，而且销售量高、出险率低，属于高利润型产品，但因此类产品脱离了保险本身的保障实质，部分产品已停售。

其次，传统保险公司的精算师处于产业链的后端，导致其保险产品设计链条过长，而互联网保险可以第一时间获得用户大数据，并基于互联网大数据，为保险产品设计中的精算模型定价提供科学依据，从而加快了保险公司产品设计创新的步伐，尤其是推进了互联网保险的发展。

最后，移动互联网让保险产业价值链后端升级迈出了第一步，即通过线上渠道提供理赔申请与资料上传，并实现了理赔进度的即时查询，改善了客户的理赔体验。例如，"平安金管家"和"平安好车主"等产品通过在线客服、定位软件、资料上传等自助理赔服务，让消费者能够迅速获得理赔，加快了理赔效率。不过，高金额的理赔申请时间仍然较久，只有小额理赔可以得到即时处理。

4）对商业模式的影响

在商业模式方面，如表1-5所示，我国在2013年后逐步审批成立了众安保险、泰康在线、安心保险和易安财险四家互联网保险公司。顾名思义，互联网保险公司的特点是通过互联网经营保险业务，其经营模式彻底打破了传统保险公司的地理限制，彻底通过互联网渠道在全国范围内开展业务与服务，不建设线下人力营销团队，将更多的资金投入信息科技的建设。

表 1-5 互联网保险公司的情况

公司名称	众安保险	泰康在线	安心保险	易安财险
成立时间	2013 年 10 月 9 日	2015 年 11 月 8 日	2016 年 1 月 18 日	2016 年 2 月 16 日
注册资本	12.4 亿	10 亿	10 亿	10 亿
定位	互联网保险公司	互联网保险生态	互联网平台电商模式	轻资产、蜂巢组织结构的产品经理负责制
主要产品	保骉车险、尊享 e 生退运险、航旅意外险、延误险等	泰爱保、老年防癌、旅行意外险	家庭财产盗抢险、网络支付险、车险等	低温防寒险、e 享人生、上下班降雨险、理财保等

以众安保险为例，它是由蚂蚁金服、腾讯、中国平安等国内知名企业联合投资成立的一家互联网保险公司，在国内没有设置分支机构，完全通过互联网开展业务。传统保险公司的管理方式是多层级的金字塔组织结构，从总公司、分公司、子公司到代理网点之间要跨过多个层级，纵向组织结构较为冗长。相比之下，众安保险的组织结构采用了扁平化的横向结构，如图 1-11 所示。众安保险借助互联网技术重塑了企业运营流程，大幅缩减了纵向组织层级，减少了业务纵向协调的成本，提升了公司的运作效率。值得注意的是，众安保险的保险产品通过互联网信息系统进行销售，消除了传统营销中的人为操作风险，并将非互联化整合的环节（如投保、核保和理赔审核）外包给第三方服务公司。

（四）保险科技时代

1. 保险科技发展现状

2016 年，随着"互联网＋保险"的发展，我国也开始步入人工智能变革的初级时代，以阿里巴巴、腾讯、京东为首的互联网巨头纷纷提出了新的经营模式，并依靠人工智能、物联网等前沿技术重构产业价值链。同时，发源于美国的金融科技（Fintech）也开始受到了我国创业者的广泛关注，而且金融科技的蓬勃发展又进一步延伸到保险业，出现了"保险科技"这个新术语，并迅速吸引了保险业、媒体界与创业圈的广泛关注。

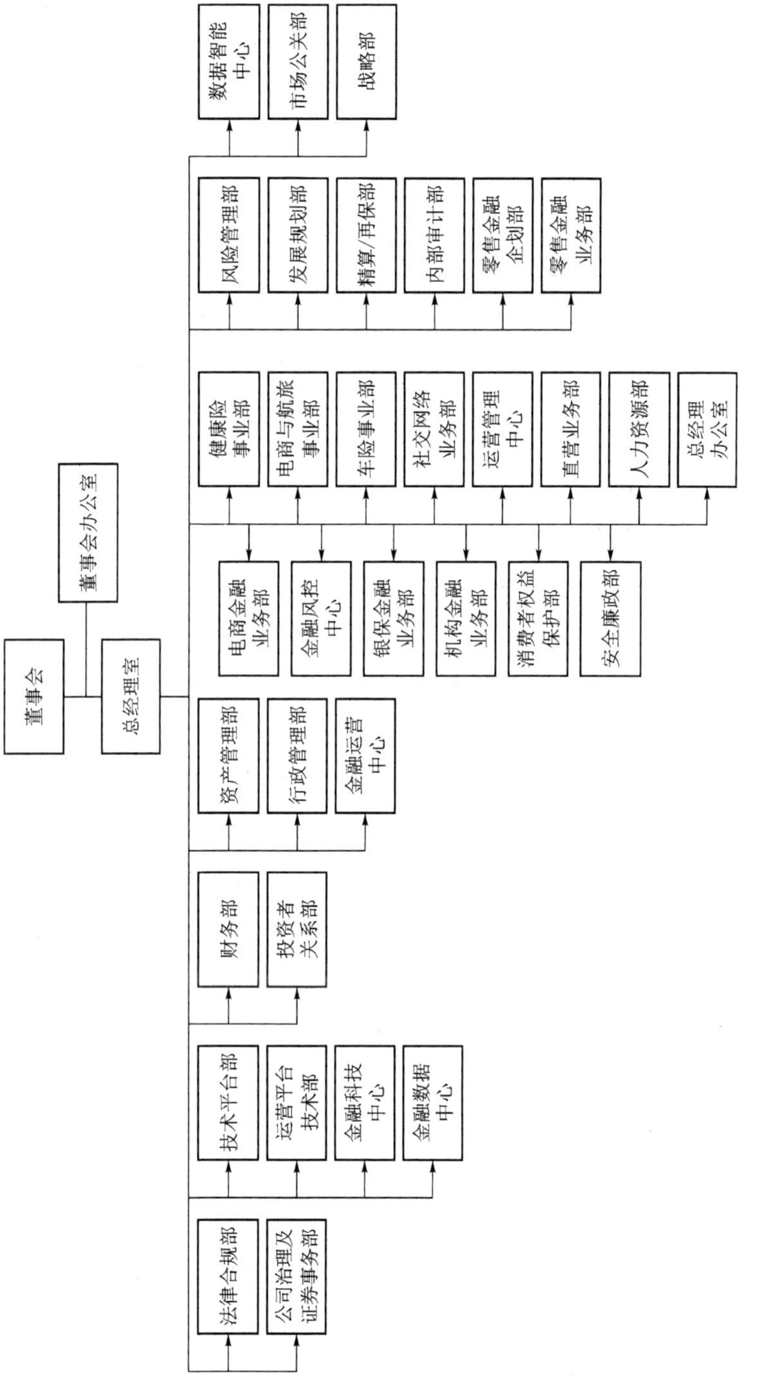

图 1-11 众安保险公司的组织结构

可以说，2016 年是保险科技的发展元年。根据前瞻产业研究院的统计数据，2012 年以来，我国保险科技行业的融资规模逐年扩大，其中，2016 年的融资金额达到了 19.59 亿元，如图 1-12 所示。

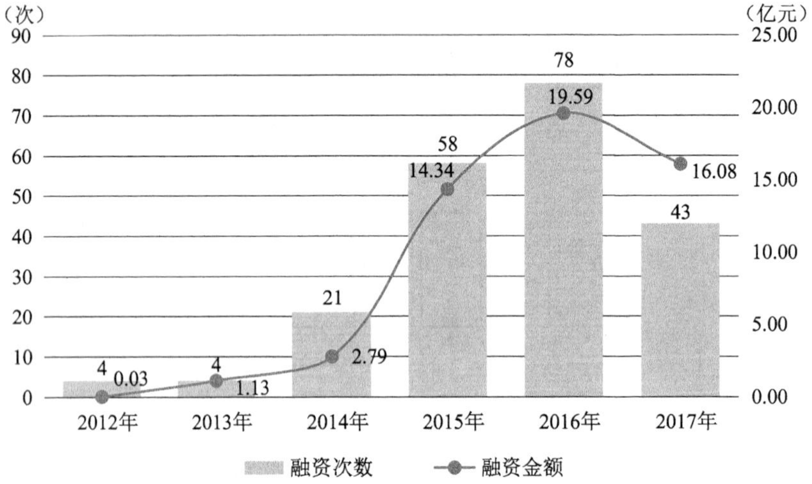

图 1-12 2012—2017 年我国保险科技行业的融资情况

从目前来看，保险科技主要包含十项核心技术，分别是区块链、人工智能、物联网、云计算、大数据、车联网、无人驾驶汽车、无人机、基因检测和可穿戴设备。这些技术被应用于产品创新、保险营销和保险公司内部管理等各个领域，正在全方位重塑保险行业。目前，保险科技已被应用于车险、企财险、责任险、健康险、旅游险、寿险等不同产品领域，如表 1-6 所示，并由此产生了车联网保险、物联网保险、基因检测保险等多项技术和保险产品的结合体。

表 1-6 保险科技在保险产品领域中的应用

保险产品领域	技术应用
车险	借助信息数据处理技术，以里程和驾驶行为构建保险费率模型
企财险/责任险	为企业和自由职业者提供定制化的保险解决方案
健康险/旅游险	为企业和个人提供场景化的健康险和出行意外险产品

（续表）

保险产品领域	技术应用
寿险/家财险	为消费者提供个性化的寿险、家财险、伤亡险等产品
物品险	为消费者的财物提供定制化的保险服务或担保服务
再保险	利用大数据技术为保险公司提供对冲保险技术服务

目前，世界发达国家的保险业纷纷开始布局人工智能，充分挖掘信息科技在保险行业中的创新驱动作用。根据普华永道会计师事务所发布的《2017年全球金融科技调查——保险科技调查报告》，全球有45%的传统保险公司已经在布局人工智能等信息科技技术。同时，一项针对全球保险业高管的调研结果显示，56%的受访者认为，未来保险公司的发展会受到人工智能的影响。这一比例相对2016年的调研结果上升了7个百分点。

此外，调研结果还显示，有84%的公司将对大数据分析技术进行投资，预计对移动互联技术进行投资的公司占比为58%，而在机器人流程自动化与人工智能技术方面，投资公司占比分别为34%与33%，如图1-13所示。这说明有33%的全球保险公司将人工智能技术作为重要的信息科技技术。也就是说，人工智能技术投资是世界保险业创新的一大趋势。

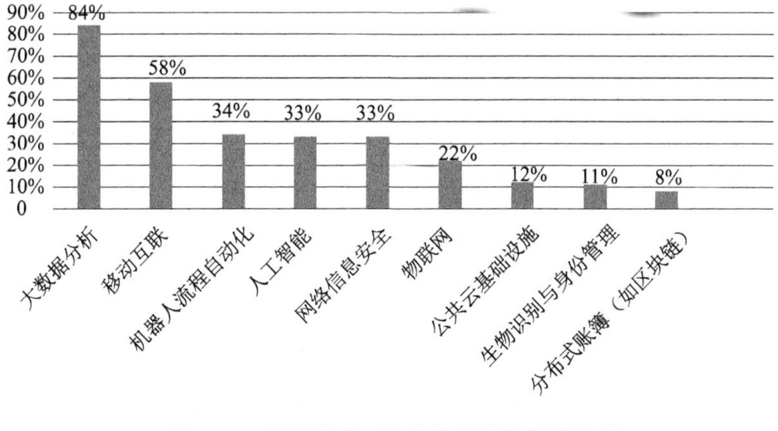

图1-13 保险公司对各种技术投资的可能性

在保险公司的创新驱动力方面，如图 1-14 所示，根据《2017 年全球金融科技调查——保险科技调查报告》，84％的保险公司认为与金融科技公司合作是保险公司主要的科技创新驱动力，82％的保险公司认为内部研发是保险公司主要的科技创新驱动力。由此可见，在海外保险行业的发展过程中，两大驱动力分别是与金融科技公司合作和内部研发，两者难分伯仲。

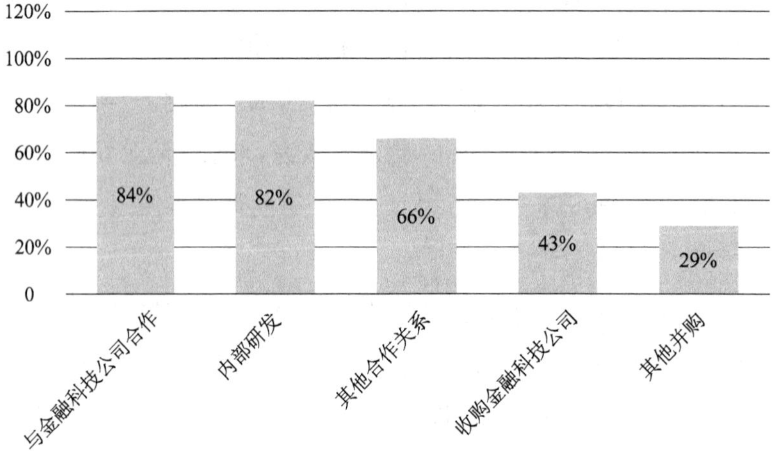

图 1-14　保险公司的创新驱动力

2015—2016 年，我国的保险科技行业获得了飞速发展。以保险科技公司的融资情况为例，根据前瞻产业研究院的数据，2015 年和 2016 年是保险科技行业融资最多的两年，2016 年的融资金额高达 19.59 亿元。

2018 年，众安保险公司联合毕马威会计师事务所发布了《保险科技：构建未来保险的基础设施》，对保险科技的功能性定位展开了调研。调研结果发现，有 68％的受访者认为保险科技将是保险行业的重要基础设施，如图 1-15 所示。

此外，调研结果还显示，有 93％的受访者认为大数据是对保险业影响最大的技术，其次便是人工智能，占比达到了 87％，第三到第七的排名依次为云计算、生物医学技术、区块链、物联网和 5G，如图 1-16 所示。

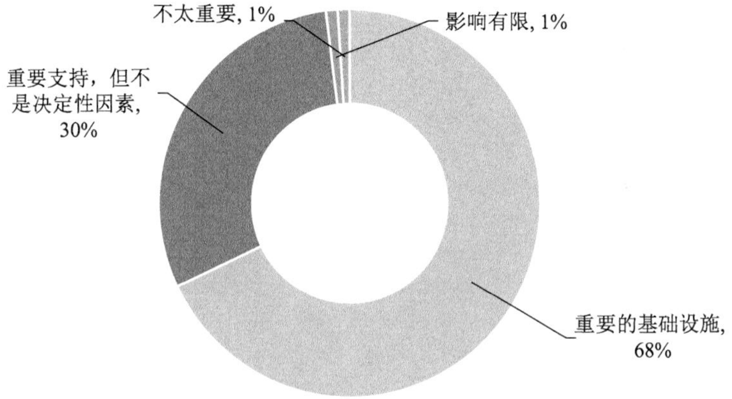

图 1-15 未来保险科技的功能性定位调研结果

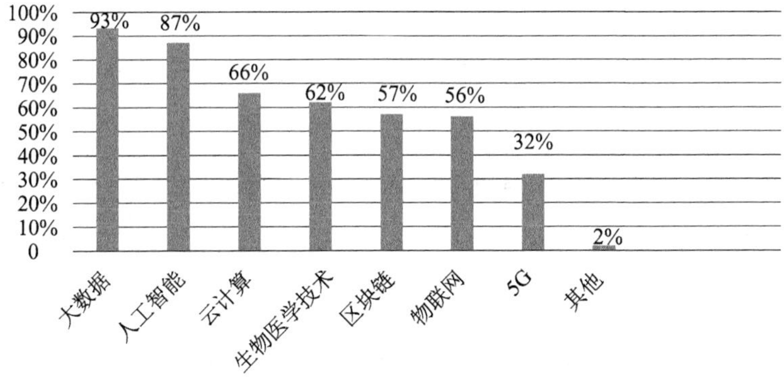

图 1-16 对保险业影响较大的保险科技排名

在关于人工智能对保险业务流程应用环节的重要性调研中，如图 1-17 所示，有 87%的受访者认为受到影响最大的是营销渠道，其次是理赔和产品设计，占比均为 81%，其他还有 79%和 77%的受访者认为核保和客户服务受人工智能的影响较大。

2. 研究现状

在以往的相关研究中，很多学者侧重于保险科技方面的研究。王和(2017)分析了我国保险业出现科技化转型的机理，认为我国保险业

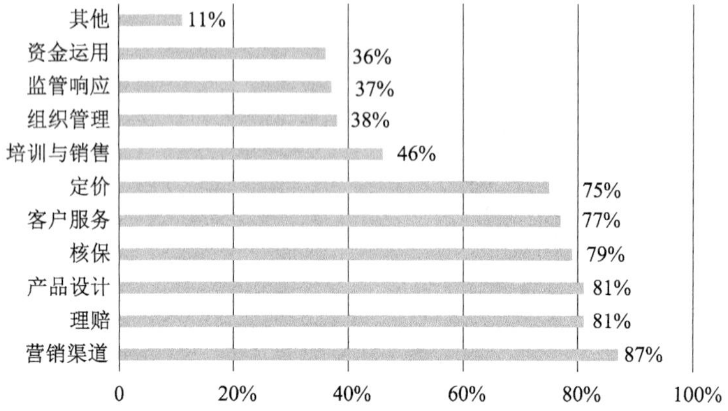

图 1-17　人工智能对保险业务流程应用环节的重要性

将出现“坐标系”的转化。同样，黄静等(2018)提出，全世界的保险业都正处于科技化转型升级的关键时期，未来新科技的应用将是保险业转型升级之道。许闲(2017)分析了我国保险科技的发展框架，提出人工智能和无人驾驶将是保险业的创新驱动力，我国保险科技在技术层面的变化将对业界的运作模式带来颠覆性的影响。王稳等(2017)更是提出，过去我国的保险产业价值链过于单一，缺乏价值特色，而在未来，互联网保险科技将会重塑保险业的商业模式，让保险业得到大众的认可，让技术支撑起保险业的资金融通职能，使保险成为经济增长的重要动力。

保险科技实际上是海外的“舶来品”，也有较多学者针对国内外的保险科技现状展开了研究。徐爱荣和姚佳斌(2017)提出，我国保险科技的基础实力薄弱，主要原因在于传统保险企业对保险新技术开发投入不足，未来传统保险企业应当加强危机意识。许闲(2017)认为，美国、英国、德国等国的保险监管较为宽松，对保险科技的发展起到了“润滑”作用。作者建议，随着互联网技术的发展，我国保险监管政策应当向传统保险企业倾斜，鼓励其加快转型升级。

我国关于特定保险技术方面的研究主要集中在区块链和大数据领

域。郁佳敏(2013)提出，大数据技术将推动我国车险进入车联网保险时代，使消费者享受更公平的车险费用。王和和鞠松霖(2014)最早考察了大数据技术对保险精算的影响，他们认为，大数据技术彻底改变了保险业的基础——大数法则，未来将对保险业带来颠覆性的变化。陈秀芬和唐宇石(2016)认为，大数据技术引领了我国保险业进入共创价值时代，未来大数据技术将进一步发挥在保险产品营销和设计中的作用。王海巍和周霖(2017)研究了区块链技术对保险业的影响，他们通过神经网络算法实验认为，区块链有助于提升我国保险运营的数据安全，并能间接促进保险产品供给升级。许闲(2017)从工作原理机制上讨论了区块链对保险创新的作用。张连增和王缔(2018)通过实证研究认为，保险大数据有助于预测车险的索赔概率和金额。

总的来说，我们从以上相关文献中能够看出，我国保险业即将进入科技化时代，保险科技对企业供给、社会经济、市场消费等都存在有利影响。如今，我国大数据技术已经较为发达，构筑了我国保险业科技化的基础。但同时我们也应清楚地认识到，海外保险科技市场的发达程度与监管环境都优于我国。这种现状对我国保险业的发展不仅是机遇，也是挑战。

第三节　我国传统保险业的痛点

一、保险销售误导时常发生

长期以来，保险销售误导问题时常发生。这是因为有的保险销售人员为了获取佣金故意对顾客进行误导，而不是将保险产品销售给真正需要的人。由于保险产品属于金融产品，具有无形性的特征，加之保险条款合同对于消费者来说十分复杂难懂，消费者很难清楚地了解每一处合同细则，他们对保险合同的了解大多是通过销售人员的直接介绍。因此，有的保险销售人员为了达成交易，会在介绍产品时误导消费者购买佣金率更高的产品，或直接夸大保险产品并不具备的功能，或在销售活动中故意隐瞒一些关键信息，误导消费者购买对其更有利的产品。

在保险行业的长期发展过程中，有的保险销售人员逐步将销售误导美化成“销售话术”，在向消费者讲解保险产品时过于笼统，缺乏个性化，一旦涉及保险能否达成销售的关键信息时，销售人员会“顾左右而言他”，不直接解答顾客的疑问。因此，我国保险业一直存在虚假宣传、销售误导的问题。其中，人身险一度是销售误导的重灾区之一。据统计，在人身险投诉案件中，2015—2019 年，涉及保险销售误导的比例一直居高不下，分别是 30％、48％、46％、42％和 48％，如图 1-18 所示。

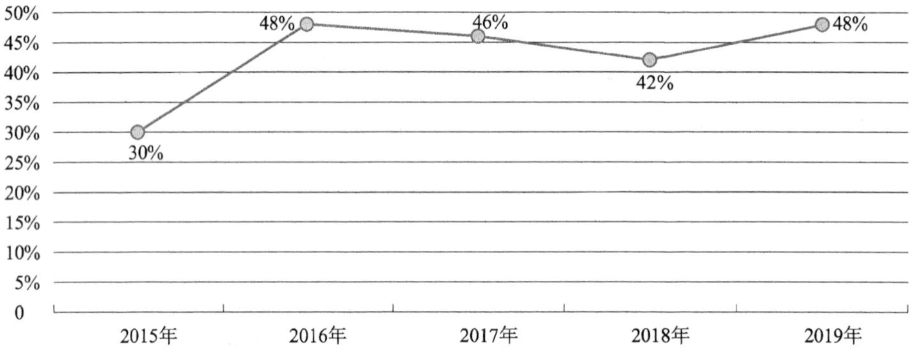

图 1-18　我国人身险投诉案件中保险销售误导的比例

二、理赔难，缺乏解决方案

一直以来，理赔难是保险业长期存在的一个问题。消费者在购买保险时，销售人员的态度都很热情，但是消费者在出险后需要理赔时，消费者的利益往往没法得到有效保障。其原因主要有以下两点：首先，保险理赔的程序烦琐冗长，从出险通知到赔款给付要经历多个流程，如现场勘查、责任审核等，这些流程消耗了过多的人力与时间；其次，我国很多保险公司的理赔工作都外包给了第三方公司，而第三方保险理赔产业的发展并不完善，行业供给不足，它们虽然与保险公司签订了合作协议，但在具体工作上缺乏主动性、对理赔问题处理迟缓、核损责任认定不专业，导致消费者的理赔服务体验较差。

目前，在中国银行保险监督管理委员会（以下简称银保监会）接到的关于财产险投诉案件中，理赔纠纷案件往往占比较大。例如，在 2018 年财产险的投诉案件中，理赔纠纷案件占比高达 66.47%。其中，财产险中的车险是理赔投诉的重灾区，如图 1-19 所示，2015—2019 年，在财产险投诉案件中，涉及车险理赔纠纷的案件比例分别是 67%、62%、69%、68%和 75%。

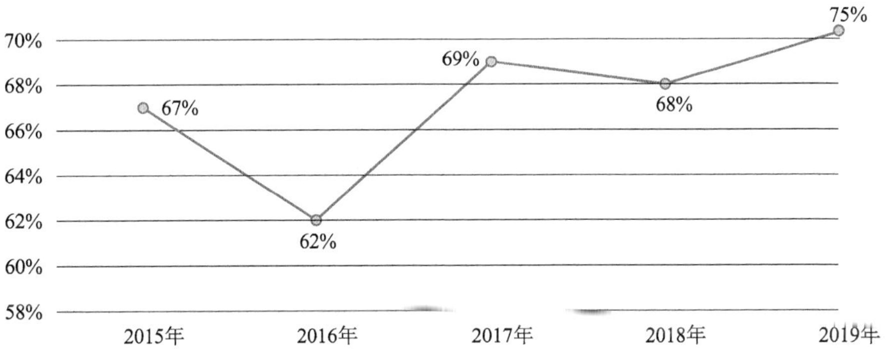

图 1-19 2015—2019 年车险理赔纠纷案件占比

三、营销人员流动性高，人力成本居高不下

长期以来，我国保险业都是采用多层代理人的营销模式。因此，随着人员工资的不断上涨，这种以“人海战术”为主的发展战略使保险业的成本负担越来越重。根据《中国保险行业人力资源报告》的相关数据，我国

从事保险业的营销人员数量近年来都有所增长，但是其增速呈现下滑趋势。如图 1-20 所示，2014 年我国保险营销人员数量为 325.29 万人，到 2019 年年底，保险营销人员数量已经达到 973 万人。此外，该报告还指出，有43.5%的保险营销人员认为保险行业流动率较高。这主要是因为有些保险营销人员没有进入保险公司的编制，其收入也没有达到理想的水平，而且有的保险公司对营销人员的激励制度也存在缺失。

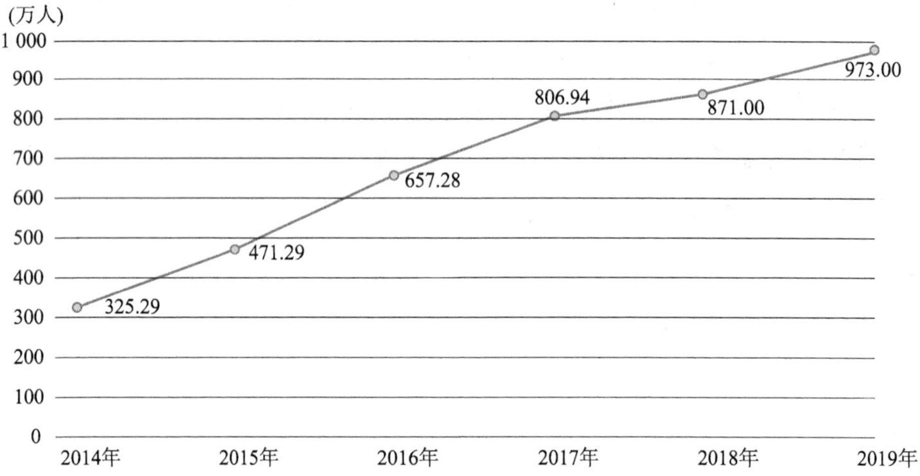

图 1-20　2014—2019 年我国保险营销人员数量

综上可知，销售误导、理赔纠纷与人力成本等问题成为目前我国保险业的主要痛点。不过，随着新零售科技的发展和兴起，这些问题都有望得以解决。《中国保险行业人力资源报告》显示，互联网保险的兴起令传统保险营销员的人均产能下滑，虽然我国保险营销人员还处于不断增长的态势，但是保险科技的发展已经对传统的保险市场造成了“降维打击”，导致线下销售的占比逐年降低。与此同时，人工智能技术将传统保险业中的理赔和销售流程进行了信息化处理，大幅度简化了理赔流程，降低了保险经营成本与耗费。因此，未来互联网保险的运营模式将发生根本性的变化。

第四节 新零售对保险业的重塑

一、新零售概念的提出

近年来，我国居民的消费能力逐年提升，消费主体的需求也越来越趋于多元化。在 2016 年的“双 11”网络购物节上，阿里巴巴集团首次提出了新零售的概念。新零售是指通过互联网大数据和智能硬件重新构建零售产业的一种新型业态。在此之后，新零售在我国成为零售业转型升级的核心概念，而且与之相关的各类创新、创业形式也都应运而生。

在新零售理念下，传统零售业在商品流通中扮演的角色将从“经销商”变为“服务商”。从传统的零售活动来看，零售商的本职工作在于为最终消费者提供购买商品的渠道，其商业模式是先从上游供应商采购商品，然后再从与最终消费者的每一次交易中寻求差价。在这个过程中，传统零售商仅仅起到了经销作用，缺乏对供应链信息和用户行为的分析能力。因此，传统零售模式往往会出现断货、商品积压、低效品类管理等问题。但在新零售时代，零售商将通过获取和积累顾客需求数据，为供应商提供精确的需求信息，并且通过一系列个性化的商业服务提高商品的附加价值，通过用户数据来实现以消费者为中心的营销活动。因此，新型零售商所承担的义务将变得更多，如为供应商提供数据服务、帮助品牌企业建立对应的目标用户画像等。也就是说，新型零售商不再仅仅是为目标用户提供经销服务或者礼品包装、会员系统等简单的附加服务，而是要为商品供应链与消费者同时提供一整套服务。为此，零售商必须投入智能终端设备来获取和积累消费者行为数据，将“场景”与“品牌”进行精确的匹配，并且与品牌商共享数据，帮助品牌商修正和改进商品定位，精准定义促销活动和受众群体，最大限度地优化商品的出现场景。

综上所述，新零售模式推动了传统零售业的供应链创新和业态创新。新型零售商借助智能终端获取一手的用户数据，以数据作为企业的核心优势，并通过数据共享帮助品牌商进行营销活动和供应链的优化，彻底改变了传统零售商与供应商之间的合作机制。

二、新零售对保险业发展的影响

随着新零售这一概念的提出，保险业又迎来了一次全新的发展机遇，各大保险公司又有了一种新的转型选择。保险新零售模式绕开了纯粹的线上保险，与传统保险和线上保险相比，保险新零售模式在创造利润的特点上与前两者都不同。首先，在过去，传统保险占据了一个好的客源区位渠道，通过渠道销售获取利润，其利润主要受到客源区位与渠道的影响。在线下保险产业模式较为成熟的今天，各保险公司所销售的产品同质性较高，差异化竞争优势不足，相互可替代性较高，缺乏顾客黏性，无法通过顾客复购得到稳固的利润增长。其次，保险电商在过去十年中经历了繁荣期，但如今却面临获客成本与物流成本不断上涨的困境。综上可知，保险业的获客成本越来越大，同时又进入了人才匮乏期，需求与供给的缺口越来越大，长期来看，这会促使保险成本进一步上升。

保险新零售的优势在于将线下渠道与线上渠道相结合，利用两者的优势进行保险营销。在消费升级的趋势下，线下渠道顾客流量的边际成本极低，并且顾客流量的精准度和有效性远比线上渠道要高，因此，如果保险公司能够利用线下客流实现流量经营，将线上与线下的流量协同管理，就可以提高自身的差异化优势和经营效益。总而言之，保险新零售的实现路径之一就是通过新兴业态改变传统保险营销的不足之处，减少保险业的获客成本和经营成本，提高顾客黏性。

第二章 我国保险业发展环境分析

第一节 政策环境分析

一、“互联网+”相关政策迭出

跨界融合、创新驱动、重塑结构、尊重人性、开放生态和“连接一切”是“互联网+”时代的显著特征，2015年，国务院印发的《关于积极推进“互联网+”行动的指导意见》(以下简称《意见》)为我国传统商业的触网转型奠定了基础。《意见》指出，相关部门要通过互联网和传统商业的紧密结合和深度融合，发挥互联网的降本增效作用，促进创新性商业形态的发展，改善传统商业中低效率的部分，厘清供求关系，提高产业发展的经济效率，让国家经济和社会都得到全面发展。在“互联网+保险”方面，《意见》指出，国家支持金融机构和互联网企业开展网络保险业务，并允许扩大专业互联网保险公司试点，以充分发挥保险业在防范互联网金融风险中的作用。

2016年，我国正式推行供给侧结构性改革，这是我国经济结构转型的重要举措，供给侧结构性改革的深层推进将极大地改善传统行业的转型环境。从供给侧改革的具体内容来看，政策大力鼓励与推进实体行业和互联网、大数据、人工智能的深度融合，并大力支持消费升级、现代供应链、共享经济等创新性领域的发展。

2017年，国务院印发《新一代人工智能发展规划》（以下简称《规划》）。《规划》重点强调了人工智能对我国未来经济增长的决定性作用，这也是我国与世界发达国家竞争的重要战略。《规划》指出，我国人工智能技术和应用要在2020年追平世界先进水平，要从基础理论、共性技术、创新平台、高端人才方面构建创新体系，大力推动传统产业的智能化转型，给予智能企业更多的政策支持。具体到保险领域，《规划》指出，未来保险业要建立保险大数据系统，提升保险多媒体数据处理与理解能力，创新智能保险产品和服务，应用智能客服、智能监控等技术和装备建立金融风险智能预警与防控系统，发展保险新业态。

二、保险相关政策频发

2016年，中国保险监督管理委员会（现为中国银行保险监督管理委员会）印发了《中国保险业发展“十三五”规划纲要》（以下简称《纲要》）。《纲要》指出，我国要在2016—2020年加快发展现代保险服务业，深化改革，增强行业可持续发展动力，开拓创新，提高服务经济社会发展能力；服务民生，构筑保险民生保障网；提效升级，发挥保险资金支持经济建设作用；开放发展，提升保险业国际竞争力；加强监管，筑牢风险防范底线；夯实基础，持续改善保险业发展环境；坚持人才为本，建设高素质人才队伍。

2017年，国家发展和改革委员会等八部委联合印发《关于促进分享经济发展的指导性意见》（以下简称《指导性意见》）。《指导性意见》强调，我国已出现经济过剩问题，大力发展分享经济模式将有利于提高资源利用效率，也将对供给侧结构性改革起到推进作用；倡导资源共享性利用和产业集约化发展，借助互联网、人工智能等先进科技，实现动态及时、精准高效的供需对接；鼓励金融机构结合分享经济需求，创新金融产品和服务；同时，积极发挥全国信用信息共享平台、国家企业信用信息公示系统和金融信用信息基础数据库的作用，依法推进各类信用信息平台的无缝对接，打破信息孤岛，建立政府和企业互动的信息共享合作机制，促进保险公司与其他机构的信息联通，解决保险业中的逆向选择和道德风险问题。

综上可知，保险业在政策上已经深深受益，新技术、新合作、新模式已经势在必行，这为保险业的改革、创新和升级提供了有力的支持，并从制度改革方面建立了良好的营商环境，引发了多项利好政策的联动效应。

第二节　经济环境分析

一、国内经济规模不断扩大

目前，我国经济飞速发展。根据国家统计局的数据，2009 年我国的国内生产总值(GDP)为 348 517.7 亿元，而到了 2019 年，我国国内生产总值已达 990 865.1 亿元，如图 2-1 所示。从国内生产总值的增速来看，2009—2011 年的增速在 9%以上，但随着国内生产总值规模的增大，以及国内经济的转型，2012—2019 年的增速在逐渐下降，其中，2019 年仅比 2018 年增长了 6.1%，如图 2-2 所示。从产业规模情况来看，如图 2-3 所示，2013—2019 年，第一产业的规模占比逐年下降，到 2019 年下降到了 7.1%；第二产业的规模占比保持在 40%左右；第三产业的规模占比则稳中有升，2019 年达到了 53.9%。总体来看，我国的经济增长速度整体上呈现下滑态势，其中，2019 年的增速下滑情况相比 2013—2018 年的下滑趋势有所增加，但经济增速仍然保持在 6.1%。

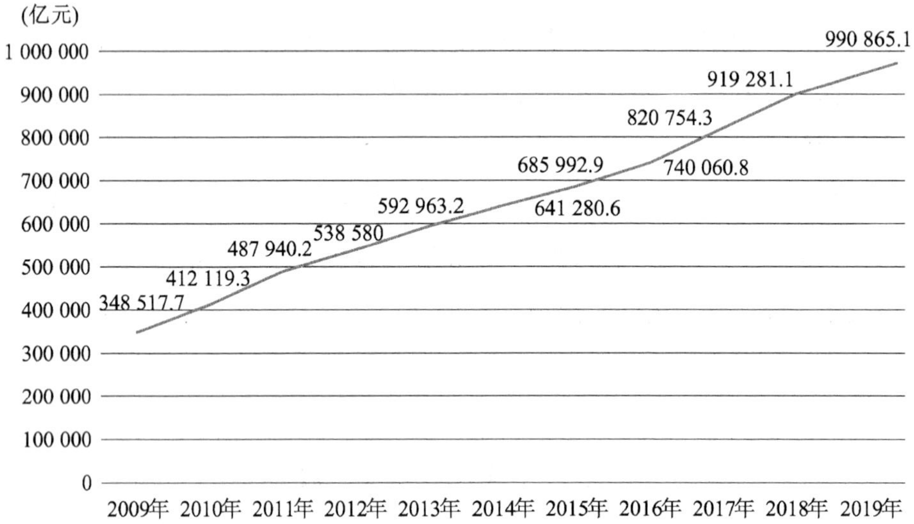

图 2-1　2009—2019 年我国 GDP 规模

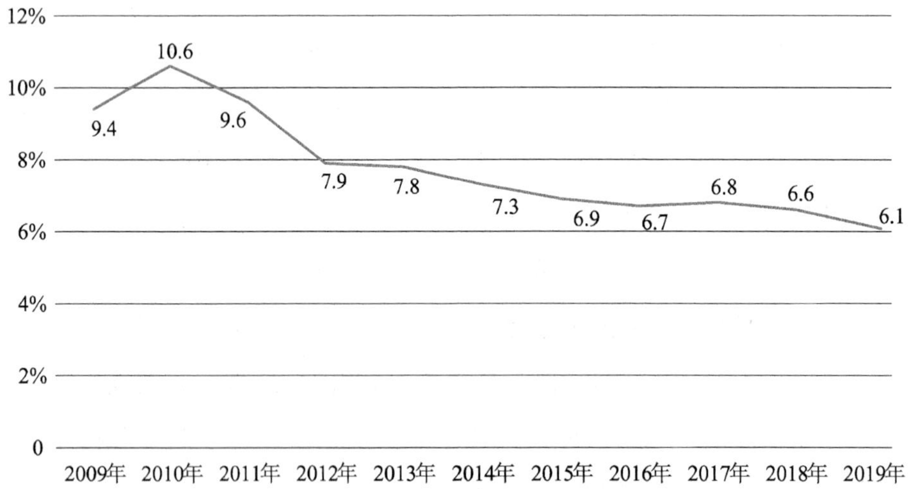

图 2-2　2009—2019 年我国 GDP 增速情况

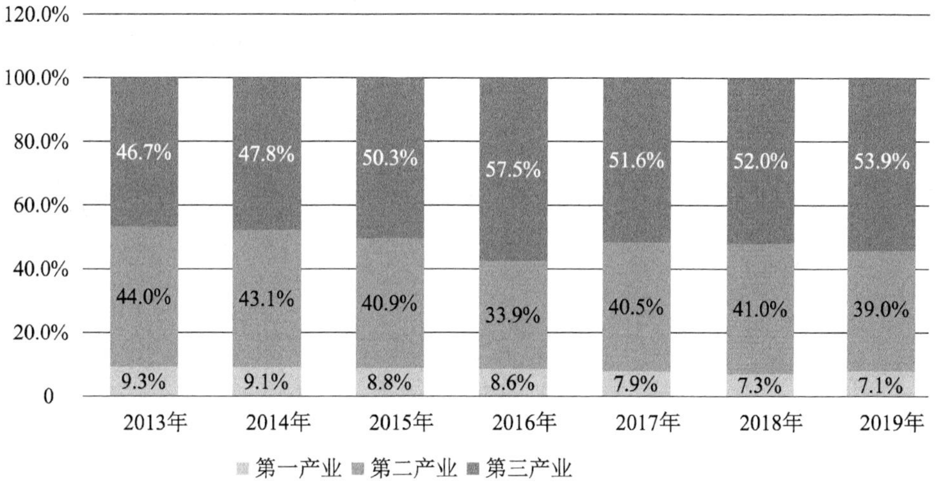

图 2-3 2013—2019 年我国产业规模占比

二、消费成为经济增长的顶梁柱

从拉动我国经济发展的“三驾马车”(出口、投资、消费)来看,2014 年后我国出口贸易陷入低谷,2015 年开始我国投资市场进入资本寒冬,2016 年以后消费开始取代出口与投资成为经济增长的“顶梁柱”。近年来,我国 GDP 增长稳中有升,伴随消费需求的高层次与多元化发展,实体商业迅速优化升级,消费市场已经基本步入产业复苏阶段,实体业态纷纷回归。根据国家统计局公布的宏观数据,2019 年我国社会消费品零售总额达到 411 649 亿元,同比增长 8%,在 GDP 中的占比为41.54%,分别如图 2-4 和图 2-5 所示。此外,2019 年我国居民消费对经济增长的贡献率为 57.8%。由此可见,居民消费连续六年成为经济增长的第一拉动力。

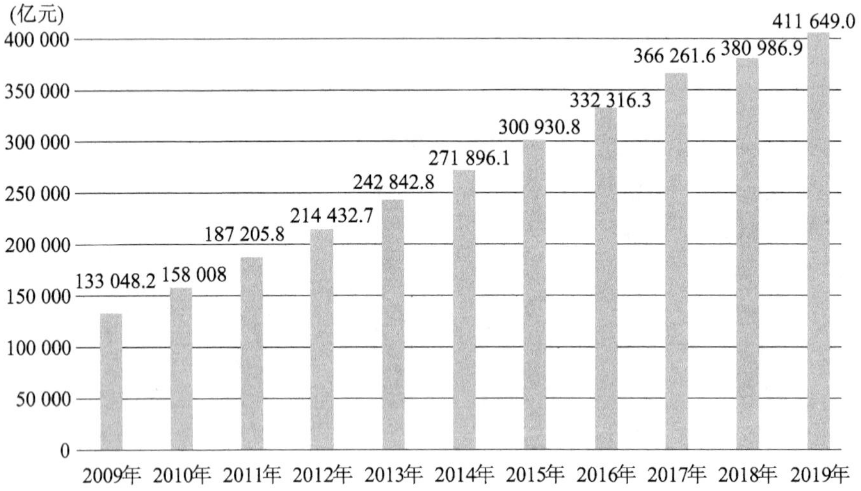

图 2-4　2009—2019 年我国社会消费品零售总额

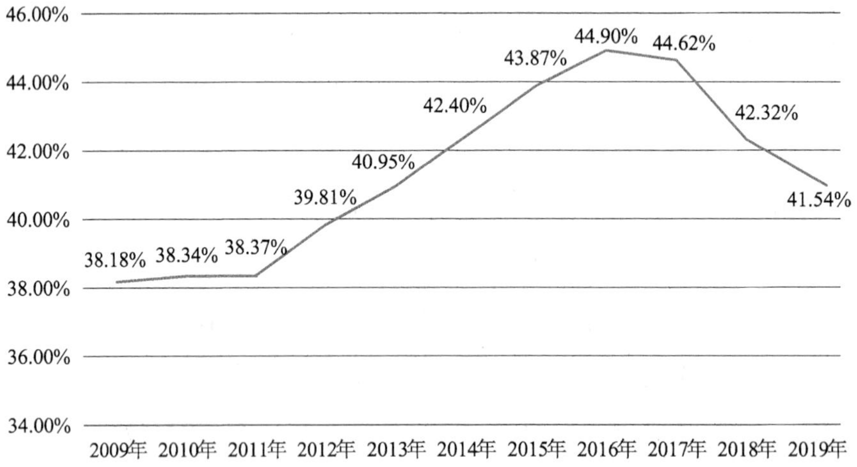

图 2-5　2009—2019 年我国社会消费品零售总额占比

第三节　社会环境分析

目前，我国居民收入水平已经达到了一个全新的高度，中产阶层的占比越来越大，居民消费信心逐年增长。根据尼尔森公司发布的中国消费者信心指数调查数据，我国 2019 年第三季度的消费者信心指数达到了 118.1 点，居于历史高位，如图 2-6 所示。究其原因，消费者信心指数的高企来源于个人就业以及对个人财务状态的乐观预期。

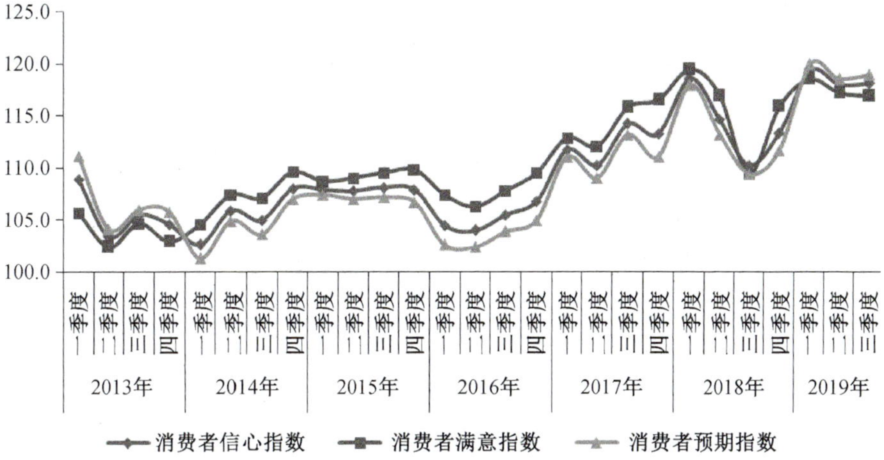

图 2-6　2013—2019 年中国消费者信心指数

一、实体店消费需求回流

近年来，电商产业的迅速发展成功改变了消费者的购买模式，越来越多的消费者在购买商品前都会在电商网站上查询价格，或者在网络社区上征询其他消费者的建议，或者听从网络意见领袖的购买建议。总的来说，大量互联网平台为消费者汇聚了海量信息，消费者近乎掌握了消费的主动权，导致零售市场也必须以消费者为中心展开一系列的商业活动。

不过，电商产业在发展早期是以低价销售为主的野蛮生长，低价格、低品质、低服务的商品充斥着市场。但是，在经历“山寨商品”爆发期后，消费者逐渐恢复理性，消费经验也越来越成熟，品质意识逐步增强，价格接受度逐步提升。于是，线下实体店的消费群体数量开始回升。

二、年轻消费者成为主力

近年来，我国消费人群结构开始年轻化，“80后”“90后”开始成为社会组织的中坚力量，“95后”新一代消费人群正在崛起。根据埃森哲咨询公司发布的《2018中国消费者洞察报告》，“95后”刚入职场，受收入所限，消费力还处于起步阶段。“80后”和“90后”占总人口的25%，为职场主力，是绝对的消费主力。“70后”这一代人具有强大的购买力，但却非常务实、理性，占总人口的17%。2016年我国消费者中有25%的人口年龄在23～37岁，如表2-1所示。根据预测，到2021年，我国城镇人口中有1/3为18～30岁的年轻一代居民，我国35岁以下人群每年的消费增长率将达到14%，年轻一代消费者的消费占比将达到53%。

表2-1　我国消费代际特点

年龄	“95后”	“80后”“90后”	“70后”	银发
	18～22岁	23～37岁	38～47岁	48～67岁
消费特征	复杂矛盾体	消费中坚	务实派	数字消费不落伍
人口数量	0.8亿(6%)	3.3亿(25%)	2.2亿(17%)	3.8亿(28%)
社会特征	成长于经济新常态、智能时代，大学生或刚步入职场	成长于经济结构调整、移动时代，独生子，二孩家庭	成长于经济起飞、互联网时代，事业有成，中产核心	改革开放的红利享有者，安逸洒脱，临近退休或已退休

三、消费的个性化与定制化

年轻一代的消费群体生活在互联网时代，他们普遍拥有独立的观念意识与自我张扬的个性，在消费理念上也不同于上一代消费者的从众性，其消费内容与消费方式也具有明显的时代特征，他们注重为享受更高的生活品质或彰显自我形象而消费，更讲究享乐性的购物体验，对定制化需求也比上一代消费者更强。这些消费变化造就了商业转型动力，对保险业也是一个重要的转型契机。保险公司应当从消费市场的个性化价值主张出发，积极为消费者提供专业化、个性化、定制化的产业价值链后端服务。

四、复合价值体系

在以往的文献中，学者们普遍认为，我国流通产业转型升级的方向是以消费者为中心，以大数据为不同流通主体的链条，深度开展线上和线下流通业态的融合和协调发展，并利用新科技重新构筑流通产业价值链。其中，零售业将成为新型流通产业价值链的关键纽带，因为新型零售行业不仅能在第一时间收集到消费者的数据信息，而且它也是在流通转型升级中让消费者感受升级、获得直接价值的窗口。因此，零售转型升级是流通转型升级的表现，任何流通要素环节的升级，最终都将引导零售业态的创新与演化，为消费者创造更多的价值，这也是零售业转型升级的核心目标。多层次需求结构视角下的消费者购物价值体系是一个由内部核心功能价值为基础向外逐步延展的环状结构。其中，该价值体系中的每一环都有层级上的差别，当内部核心层的价值得到满足后，消费者将追求更外环层级的需求。如图2-7所示，处于价值体系核心的第一层是购物的功能性价值。为了满足消费者的商品购买目的，零售商应当提高品类的丰富性，通过适当的技术创新来削弱流通及管理成本，为消费者提供更具经济性的商品，并提升服务流程的及时性和便利性。第二层是购物的享乐性价值。享乐价值的催生离不开愈演愈烈的消费升级，享乐价值具有奇遇性、满足性、趣味性、角色性、思想性等特征。伴随我国居民收入不断增长，人们的消费支出预算逐步提高，过去主张功能性的低价产品与服务已经难以全面满足消费需求，人们更希望通过购物来收获精神上的愉悦，这也是“双 11”“双 12”等网络购物狂欢节形成的原因。第三层是购物的社交性价值。社交性价值立足于享乐性价值之上，因为互联网经济与社交网络的开放性，令消费者的购物行为出现更多的接触面，人们无时无刻不处于社交环境当中，如微信、微博、论坛、短视频平台、直播等社交互动促使购物行为具有“病毒蔓延性”特征，消费者在购物时不仅要满足自身精神上的愉悦，而且希望通过购物来实现认同感、权威感、炫耀感等社交目标。第四层是购物的定制化价值。它源自不同消费者的个性化需要，这类价值整合了功能性、享乐性和社交性价值，然而各类价值需求的特征与权重也是因人而异，这对零售商的定制化服务能力提出了挑战。

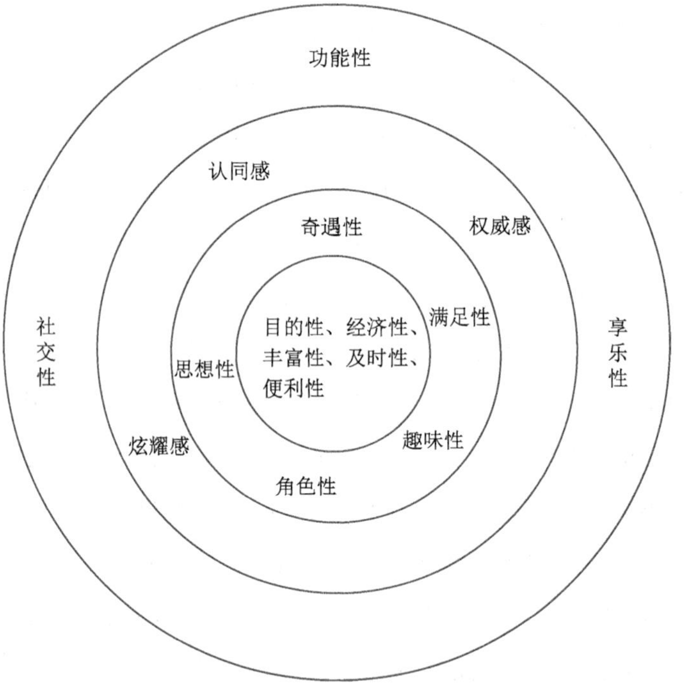

图 2-7　多层次需求结构视角下的消费者购物价值体系

由以上分析可知，多层级结构的消费者购物价值体系指引了零售业转型升级的目标。企业应当以核心消费者购物价值作为多维价值内核，根据不同零售业态的特征，发展适宜的消费者购物价值创造框架。值得注意的是，本书提出的消费者购物价值体系并非一概而论，不同类型市场的零售业态定位不同，其价值层级也会有所不同。

第四节　技术环境分析

一、5G 互联网技术飞速发展

目前，我国的 4G 移动互联网已经全面普及，5G 移动互联网也已进入推广阶段。2018 年，我国智能手机的普及率已经达到 69%，2019 年全年移动支付的交易规模达到 347.11 万亿元，同比增长 25.13%。这些互联网新技术的发展和移动支付规模的扩大是新零售行业发展的重要技术支撑。同时，以无人零售为代表的智慧商业开始进入市场，它通过极易使用的移动支付功能进行场景支付，解决了消费者的碎片化需求。此外，移动支付可以收集所有消费者的行为大数据，并通过分析用户数据提高线上营销效率，最终实现全渠道商业。未来，将有更多的信息科技被开发应用于新零售领域，如物联网、机器视觉、区块链等，以全面实现企业运营与顾客体验的数字化，全方位改善企业运营效率与服务效率，推动传统商业模式升级。

二、人工智能市场前景广阔

人工智能是计算机科学的一个分支，其研究内容是人们通过构造一种算法，对人脑思考过程进行模拟，让机器“学会”人脑思维，并通过机器强大的计算能力，模仿人类完成一些需要自主思维的工作和活动。根据以往的文献，计算机的工作原理是使用预先设定好的算法，代替人去完成一些需要高计算量的工作，而人工智能的工作原理是让机器“学会”思考，并完成高计算量、高智能化的工作。

根据《中国人工智能 API 经济白皮书》的数据,2019 年人工智能开放平台市场规模为 104.1 亿元,预计到 2024 年,市场规模有望达到 579.9 亿元。从人工智能的市场结构来看,如图 2-8 所示,机器视觉技术占比最高,达到 44.2%,其次分别是语音技术(30%)和自然语言处理(13.6%)。

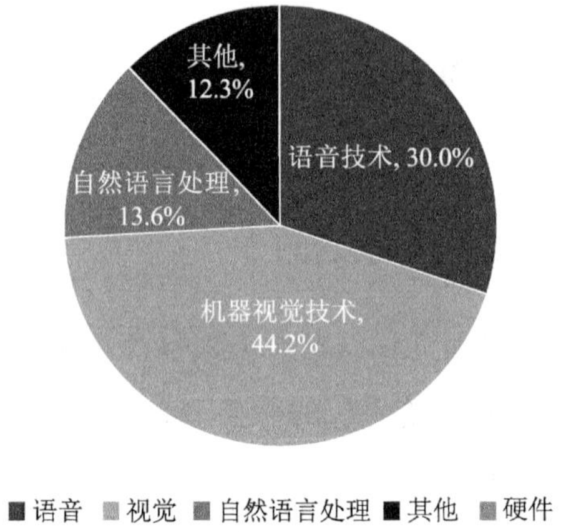

图 2-8　我国人工智能市场结构

人工智能的优势在于更强的认知力与感知力,并且其计算功能也比传统的计算机算法要强。具体来说,人工智能的优势主要体现在以下三个方面。首先,人工智能的计算比较智能化,计算能力也更强,它能从万亿字节(TB)级别的数据中通过深度学习来认知信息,总结出数据中的某种特定规律,并找出最优化的问题解决方案。其次,人工智能的认知范围更大,它不仅能通过文本信息传输获得数据,还能借助声音、物理触碰、画面变化等视觉、听觉与触觉来感知世界,并将其转化为电信号,再将电信号数据转化为可以计算处理的结构格式,最终表现为人类的沟通语言。最后,人工智能具有挖掘算法的功能,解决了复杂问题的计算量问题,它能够像人类一样对问题做出假设并进行比较、推理和预测。

人工智能在保险业转型中的作用是多方面的。首先,它可以优化市场营销中的客户参与和互动模式,增强客户的体验感。其次,丰富的数据可用于优化客户细分并根据个人特征为不同的客户提供个性化优惠。最后,智能自动化或机器人过程自动化(RPA)有助于降低运营成本。传统保险业的营销模式主要有两种。其一是保险公司让其他企业代理销售自己品牌的保险产品。但是因为中间费用较高,这种营销模式无法让保险公司得到持续性的盈利。另外,在这种情况下集中销售某几个品类的产品并不能为零售商带来竞争优势,因为遍地都是可替代的产品。其二是保险公司采用直销模式直接销售保险产品,并参与到与最终顾客的互动之中。这种模式比通过代理公司营销效果更好,更容易接触到顾客。因此,在互联网时代,保险公司通过人工智能优化与终端客户的直接互动,从促进交易转变为了增强顾客体验,从而达到最终的营销目的。

三、制造业已经进入工业 4.0 时代

我国的制造业已经进入工业 4.0 时代,随着移动互联网、物联网和智能生产技术的发展,制造企业的智能系统将得到全面整合,基于 C2B2M* 的个性化定制模式将逐步成熟。这催生了一系列新零售双边平台,为消费者与供应商建立了直销市场,为制造商提供了消费者的大数据,推动制造业向用户直连制造(C2M)发展。根据阿里研究院的预测,随着基于深度学习方法的计算机芯片的出现与普及,制造业的发展将从人力推动、资本推动、设备推动转变为技术推动,工业机械臂、生物芯片、3D 打印等多类技术的应用将更加广泛,物联网、区块链、机器视觉、人工智能、AR/VR 技术将更加成熟与完善。此外,这些技术应用将延伸到新领域,特别是金融业。例如,金融反欺诈技术目前已经实现了对异常行为的识别、分析和管理,这也是智能金融科技发展的第一步。

随着现代智能科技与移动互联网的发展,保险公司也不再仅仅是承保风险的商业组织,而是为消费者提供风险保障方案的功能性组织。在移动互联时代,保险公司将通过保险服务为顾客创造价值,并借助人工智

* C2B2M 就是商家通过平台让直连消费者和生产者,消除中间环节,为消费者提供更有竞争力的商品。

能将风险保障中的不可能变为可能，根据消费者的风险因素来更精确地厘定保费。此外，保险公司还可以通过人工智能模拟其可保风险，以丰富保险产品的保障范围。

第五节　消费环境分析

随着社会身份边界的突破，我国出现了跨越年龄、性别等社会身份的生活方式，促使消费市场进一步以“社群”分类。随着移动互联网的普及，男女老少都成为互联网世界的“住民”。这进一步推动了全民消费升级的狂欢，消费者自由选择高品质、高服务、高享受的个性化方式，改善生活、保养自身、自娱自乐的消费已成为当前社会消费的主要特征。同时，消费升级也将对供给侧产生引导作用，倒逼企业转型升级，从产品创新、流通方式、社群营销、场景业态四步迎合消费者的自由选择。

一、大众市场发展为小众市场

随着我国社会文化的快速变迁，社会包容性逐渐增强，人们的价值取向更加自由。一方面，互联网推动了自由生活文化的动态发展，塑造了我国消费者丰富多样的个性化诉求，使得客户群体市场逐渐小众化。另一方面，随着物质生活更加富足，社会观念也逐渐开放，以往“随大流”的主流价值体系已经不复存在，主流价值的话语权逐渐被追逐个性的年轻一代所掌握，人们对亚文化的包容力越来越强，每一个年龄阶层都有权利选择或彰显自己的兴趣喜好。这种行为突破了原有刻板印象的阻挠，打破了传统消费的壁垒。例如，女性可以在穿衣搭配上选择中性风格，男性可以使用化妆品来改善外表，老年人也可以选择不同风格的潮流品牌服饰。

二、社会、经济、互联网催生了全民自由兴趣观

在过去人均收入水平较低的时代，人们没有富余的金钱和时间投入到自己的兴趣和娱乐上，兴趣和娱乐对大多数人来说都是奢侈品。例如，20 世纪 50 年代和 60 年代出生的人群，他们青年时期的休闲娱乐主要局限于音乐、棋牌等低费用活动。随着时代的发展，现代的年轻群体得益于丰富的物质生活，有更多的闲钱和时间来发展个人兴趣。尤其是在互联网媒体高度发达的时代，人们更容易发掘与培养自己的兴趣，兴趣爱好不再只是茶余饭后的消遣，而是人们生活中不可缺少的一部分。

三、年龄与性别的边界被打破

在过去，人们的社会身份比较固化，对于不同人群，社会对其会有不同的期望，一个人的身份决定了他(她)的行为价值标准，进而约束了其行为的自由。在过去，往往都是女性使用装饰品、服饰穿戴、护肤品或化妆品等美化外表的物件，一般也只有年轻人会追求潮流时尚、兴趣爱好以及户外旅游。如果人们的行为跨越了社会期望，社会主流价值便会认为这种行为是不合时宜的。如果男性或老人开始讲究服饰或护肤美容，主流价值体系将会认为这种人属于“小白脸”或“老来俏”等。现在，年龄与性别的界限越来越模糊，不论是消费者还是商家，都开始逐渐摒弃传统意义上对年龄、性别的刻板认识。因此，制造商和零售商获得了大量的机会，整个社会群体更加个性化、多样性。

三、单身主义风潮来临

在现代，“传宗接代”的旧有观念已经被现代主流价值观所抛弃。随着女性的劳动技能、收入水平和社会地位的提升，女性依附于男性的婚姻模式逐渐被淘汰，青年男女更愿意选择“活在当下”的享受型生活模式，其婚恋需求不高。根据国家统计局和民政部的统计数据，2018 年我国单身

人口数量已经达到 2.4 亿人，其中有超过 7 700 万成人选择独居生活。预计到 2021 年，这一数据会达到 9 200 万人。2019 年，依法办理结婚登记的夫妻为 927.3 万对，离婚登记夫妻为 470.1 万对，离婚率为 3.4‰，离婚率已连续 16 年上升。

随着西方发达国家的不婚主义、女权主义等思潮的影响，社会开始逐渐认同单身者的选择，个体存在的价值不再是为了传宗接代，人们更加追求和享受自由的快乐。

四、绿色消费观兴起

绿色消费观又称为可持续消费观，倡导消费者的消费行为要从有益健康和保护生态的角度出发，包括购买绿色食品、节约能源、物资的回收利用等。我国早期粗放式的城市化发展已经破坏了生态平衡，近年来，在国家政策的引导下，在媒体的宣传推动下，人们的环保意识逐渐提高。例如，在过去，人们常常通过吃海鲜、野生动物，穿动物皮毛，使用大功率电器和私家车来展示自己的地位。现在人们开始提倡保护生态环境，拒绝浪费等消费行为。同时，旧物回收、绿色旅游、环保家居等理念逐渐兴起并普及。

第三章 新零售与保险产业价值链

第一节 新零售概述

一、新零售的概念

2016年，阿里巴巴集团在云栖大会上提出了“新零售”的构想，即实体零售和线上零售融合发展。自此，各种新型零售业态横空出世，如智慧商店、无人售货商店、虚实一体店等。新零售解决了线下和线上渠道的根本性痛点，提高了零售业的市场渗透力和辐射半径，解决了当下网店冲击实体店的结构性矛盾。新零售借助互联网商业思维，通过整合物流、零售、金融等流通信息科技，对现有社会流通零售流程进行了产业价值链再造，使零售运营流程更加精细化，为消费者打通了闭环体验。在新零售模式下，零售业将告别地产商业模式，回归零售业的服务性本质，为消费者创造更丰富的个性化体验。

2017年3月，阿里研究院发布《新零售研究报告》，对新零售进行了如下定义：“新零售是指以消费者体验为中心的、数据驱动的泛零售业态。”由此可以看出，消费者中心论是新零售概念的根本，数据驱动是未来商业形态的发展逻辑，泛零售业态将重新定义商业业态的新形势，未来传统的实体店概念和网店概念都将被突破。该报告中还提出，未来商业形态将出现“物种大爆发”，即各种产品或服务将与数字技术、文化娱乐业、零售业、餐饮业等行业相融合，并延伸出各种新商业形态，催生出一系列新零售物种。

新零售概念自2016年诞生以来，国内学界对新零售概念的界定还不统一，且学界和业界在对新零售概念的定义上也观点不一。有的学者认为，移动互联网时代是新零售产生的前提条件，新零售模式通过对线上、线下渠道与流通物流的整合，构建了全渠道一体化的新商业模式，即“实体店＋线上店＋物流”模式。有的学者以消费者体验为视角，提出移动互联网、大数据、云计算、人工智能等信息科技是构建新零售模式的关键，新零售模式通过信息科技构建了全新的消费者体验，并提升了产品与服务的供给效率和营销效率。这种新商业形态整合了线上、线下的购物渠道和场景，为消费者提供了多种个性化的渠道，让消费者能够没有限制地从任何场景享受到差异化的购物体验。新零售模式是对传统O2O模式的一次颠覆性变革。O2O模式只能实现双渠道营销结构，但它没有利用云计算、大数据等信息科技，导致线上渠道和线下渠道难以统一和整合。新零售模式则是借助信息科技，将与渠道相关的一切元素重新融合，构成全渠道和无边界的新型商业形态，打破线上和线下的封闭关系，彻底模糊并消除各行业产业价值链间的边界。因此，新零售是以满足“千人千面”的需求为目的，将大数据作为商业模式的发展驱动，并通过云计算、人工智能、移动互联网等信息科技实现点对点的商业行为。

综上，作者认为，新零售是一种有别于传统商业的新商业形态，它整合了线上和线下的渠道，使之一体化，并通过跨界融合逐步延展到新场景，突破了传统商业的供应链、营销和服务渠道的单一化和割裂化形式。换而言之，新零售这种开放型的商业形态使消费者的购物流程更加便捷、更加畅通，即消费者能够在整个购物过程中畅通无阻地切换渠道。

二、新零售的形成原因

（一）行业领导者的号召

我国进入互联网时代以来，电子商务产业先后经历了雏形期、发展期、稳定期和成熟期四个阶段。自从 2003 年淘宝网上线，我国开始进入网购时代，直到 2015 年，我国传统实体商业积极开拓线上渠道的趋势开始发生变化，线上和线下的边界越来越模糊，线上渠道与线下渠道从竞争逐步走向融合，传统商业概念难以精准反映如今的商业形态，如今的商业内涵更加具有丰富性和外延性特征。于是，新零售模式应运而生，它打破了电商和实体分而治之的格局。未来，只有将线上渠道和线下渠道融合为一个整体，才能满足消费者的客观需要。目前，新零售模式不仅受到消费者的广泛关注，也对实体零售业与网络零售业都造成了直接影响。同时，新零售模式也迅速被应用于其他商业领域，让消费者享受到了全渠道一致化的畅通体验。

（二）消费价值升级

目前，主力消费群体的社会结构变化促使整个社会的消费价值理念发生了明显变化。埃森哲公司发布的《2018 中国消费者洞察报告》显示，“80 后”和“90 后”群体逐步成为消费支柱，如图 3-1 所示。这部分群体的

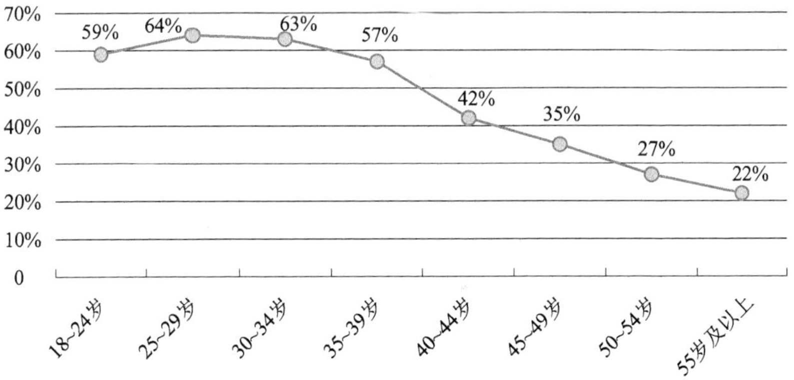

图 3-1 消费者主力购物人群的年龄分布

个性化诉求明显，具有更创新性的消费理念。他们出生和成长在互联网时代，是所谓的“数字原住民”。他们自我意识强烈，多为“颜值派”，容易冲动消费又敢于尝试新鲜事物。他们小有积累，又具有超前消费观，是绝对的消费主力。这代消费者数量达到 3.3 亿人，比美国总人口还多，而且可以预计，未来 5～10 年，他们就是中产消费阶层的中坚力量。

消费理念升级导致传统商业不再能满足消费者的需求。我国经济发展与居民收入的飞速增长进一步从根本上推动了消费观念的升级。根据埃森哲公司发布的《2018 中国消费者洞察报告》，我国消费者购物习惯的社交化特征也越来越明显，如图 3-2 所示。目前，我国消费升级主要表现为消费结构升级、消费方式升级和消费观念升级。首先，消费结构升级代表了人们对商品价值需求方面的升级。根据马斯洛的需求层次理论，随着人们收入的显著增长，人们的消费需求逐步从温饱价值需求分别过渡为社会价值需求和享受价值需求，并最终达到自我实现需求。因此，随着消费需求的升级，居民的消费结构也在不断发生变化。统计数据显示，2009—2019 年我国文化、教育和娱乐消费的比重逐年提升，而食品消费和衣着消

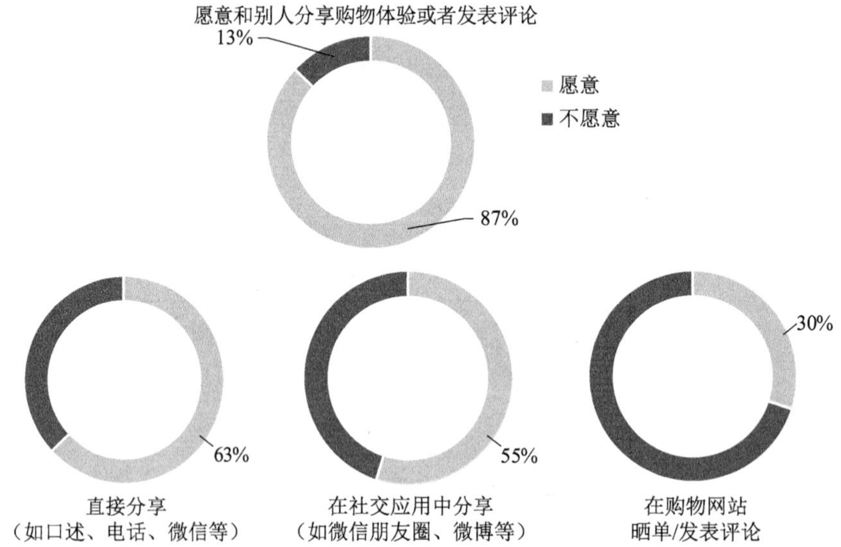

图 3-2　消费者购物习惯的社交化特征

费的占比逐年下降。这直接反映了我国居民消费的结构性变化。其次,消费方式升级反映了消费者购买渠道层面的变革。移动互联网推动了社会生产方式和交换方式的升级,大数据成为连接供应链中上下游企业的纽带,供应商借助终端大数据来实施商品的设计、营销,通过发展多元化的渠道来迎合消费者的购物需求。最后,消费观念升级是指消费者开始追求个性化的消费观念。单一化的产品供给和营销渠道已不能勾起消费者的兴趣,企业应当从供给导向思维转变为需求导向思维,从推式供应链转变为拉式供应链,将消费者的个性化需求作为变革驱动,通过技术和模式创新满足消费者多样化的消费需求。

因此,新零售模式的形成与人们本身需求层次的提升是密不可分的。由于收入提升是内需消费的根本动力,在需求层次规律的驱使下,人们从温饱消费逐步过渡为精神消费。但是,消费升级的实现与否取决于供给侧。2016 年以来,我国的实体商业经历了寒冬。我国现有的实物型和服务型消费产品长期以来缺乏社会性、享受性、个性化的自我实现价值,国内商业的产品供给主要集中在中低端,缺乏多层次、高层次的消费产品。因此,大量消费者更愿意购买海外品牌的数码、家居、服务等高端消费品。从传统的消费商业环境来看,我国商品与服务流通组织的供给能力都不能满足市场消费升级的需求。如果商品提供者在渠道上不能精确地传递消费大数据,那么它就不能及时改进其产品设计与服务产业价值链。

(三) 信息科技的快速发展

我国信息科技的投资规模在 2016 年达到了顶峰,第一代信息科技的成熟应用,如移动支付、精准营销、物联网物流等,增强了从业者对新兴信息科技的信心,使通过技术变革来发展新模式、建立新业态成为可能,推动了基于消费者需求为中心的商业模式和产业价值链的再造。

新零售模式的形成与信息科技的快速发展密切相关,移动互联网、云计算、大数据的成熟应用,进一步促进了物联网、区块链、机器视觉技术的发展。其中,大数据是新零售形成的根本。消费供给变革的起点是消费需求升级，大数据是消费者需求趋势的近距离资源，企业通过对消费大数据的收集与应用，能够建立以消费者为中心的新零售商业模式目标。因此，新零售模式为企业提供了线上和线下渠道融合的全渠道业态。由于大数据是建立新零售模式的根基，因此要实现基于大数据的新零售模式，还应当具备大数据的获取和处理能力，这就对我国的移动互联网设施提出了要求，尤其是数据获取和云计算所需要的高覆盖性、高传输速率、无丢包率的移动互联网基础设施建设。

近十年来，我国陆续建设了良好的 4G 移动互联网基础设施，从互联网时代迅速跨越到移动互联网时代。从网络覆盖情况来看，移动互联网已经覆盖了我国绝大多数的城市和乡镇。这为新商业形态的形成奠定了技术基础和市场保障。

（四）实体与虚拟商业增长双下滑

根据我国商务部提供的居民消费数据，近年来，我国传统商业业态的消费增速放缓，这是因为 2016 年来我国经历了实体店关店潮，传统商业的扩张速度减慢。根据国家统计局资料，截至 2018 年年底，我国零售业经营单位为 2 080 万个，同比增长 7.8%，增速比上年增加了 0.9 个百分点，如图 3-3 所示。整体来看，我国实体商业增长进入了“瓶颈期”，当

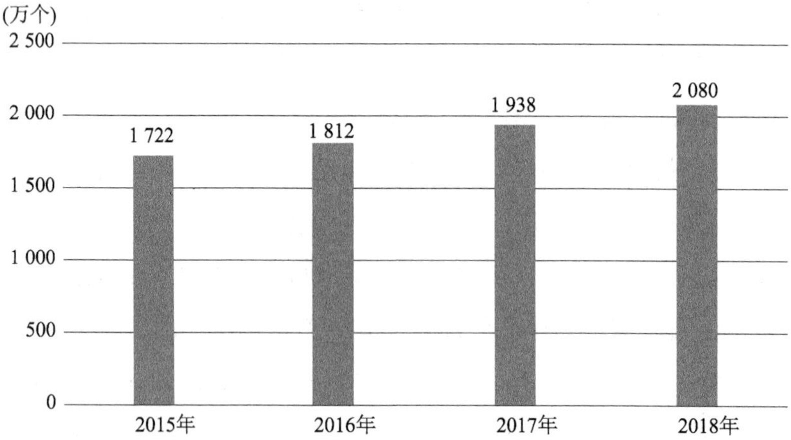

图 3-3　2015—2018 年零售业经营单位数量

下商业业态扩张难以促进新增消费，没有发挥供给拉动内需消费的作用。

2010—2018 年，我国商品零售总额与商品零售额增速情况如图 3-4 所示。从图中可以看出，2018 年我国商品零售额达 33.8 万亿元，同比增长 8.9%，行业发展规模保持平稳增长，但商品零售额增速却逐年降低。

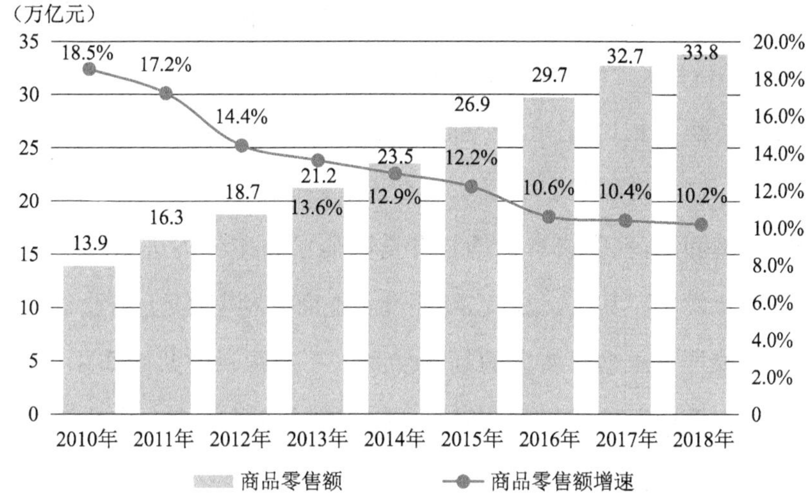

图 3-4　2010—2018 年我国商品零售总额与商品零售额增速

从不同业态的零售总额来看，如图 3-5 所示，2018 年便利店的销售

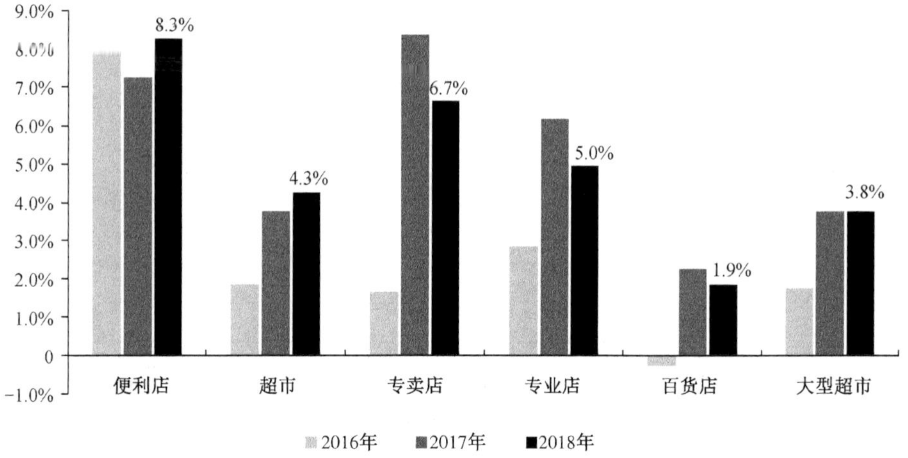

图 3-5　不同业态的零售总额

总额占比最高，为 8.3%；其次是专卖店，占比为 6.7%；最低的是百货店，占比仅为 1.9%。同时，与 2017 年和 2016 年的数据相比，专卖店、专业店和百货店 2018 年的销售总额出现了下降趋势。

此外，线上零售业虽然保持了强劲的增长率，但其获客成本却在逐年提升。中国产业信息网的相关数据显示，2018 年阿里巴巴和京东的获客成本为 200～450 元，如图 3-6 所示。从图 3-7 中可知，2012 年我国电子商务交易总额为 8.11 亿元，之后逐年递增，2018 年为 31.63 亿元，但增速逐年放缓。这也说明线上零售业正在面临转型压力。首先，线上零售业已经进入饱和期，获客成本的增长严重阻碍了新主体的进入以及实体商业的线上化发展。其次，我国已经度过了电商红利期，线上商业日趋激烈的竞争环境严重压缩了商家的利润空间。在这两者的共同作用下，线上商业和线下商业开始相互融合转型，希望通过新渠道建设弥补渠道或服务的不足，实现可持续性的业务增长。

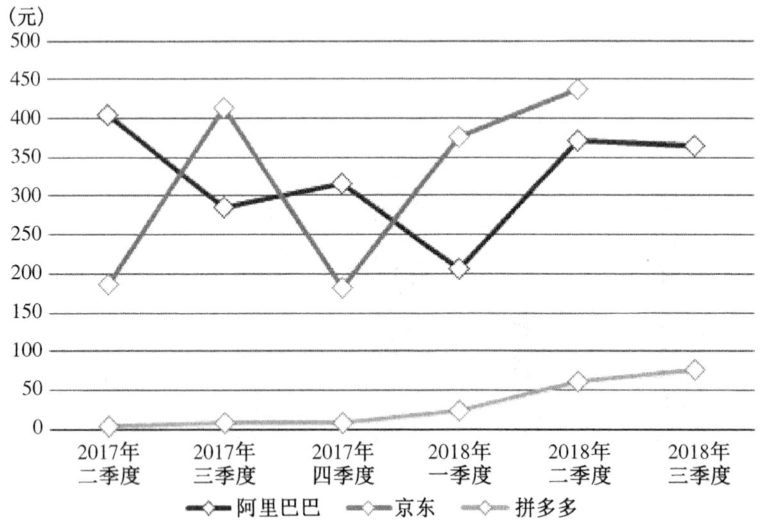

图 3-6　主流电商线上获客成本

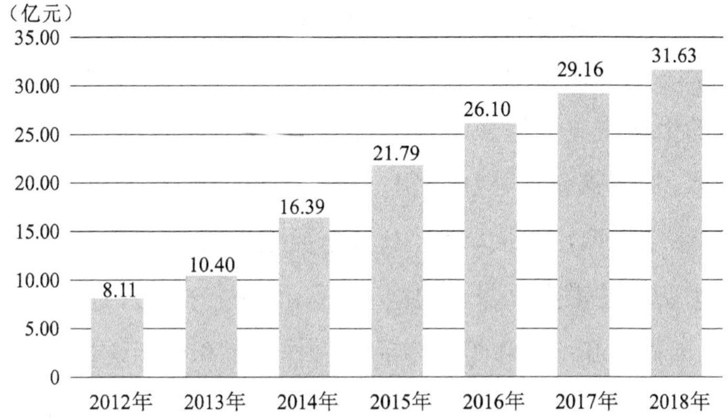

图 3-7　我国电子商务交易总额

三、新零售模式的发展趋势

（一）为供应商提供大数据赋能

新零售模式要求零售商通过共享数据为供应商赋能，希望从合作方式上来改善零售商与供应商之间的合作关系。在传统的供应链环境下，供应商和零售商之间采用的是“推式供应链”合作方式。简而言之，便是供应商将商品下压给下游渠道。在新零售模式下，供应商与零售商之间以用户大数据为连接点，采用新型的互利合作机制，将合作方式从原来的“单向”变为“双向”。一方面，零售商将消费者大数据与上游供应商共享，并且通过数据服务来建立消费者画像，为供应商的市场预测提供信息。另一方面，传统的信息壁垒问题消失，供应商在掌握目标市场的需求量和偏好类型后，能够减少新产品的研发周期，更精准地制订生产计划和新产品开发计划。例如，商务部发布的《走进新零售时代——深度解读新零售》报告中，就有天猫网通过大数据为某化妆品品牌成功赋能的案例。首先，天猫网利用平台优势获取用户信息，并通过大数据分析建立用户画像。然后，某化妆品品牌将数据应用于其研发环节。根据天猫网提供的数据，该化妆品品牌的研发周期从 18 个月缩短到 9 个月，节省了市场调研、挖掘潜在客户和市场评估的时间。

（二）建立零售商与消费者的新型关系

在传统的零售活动中，零售商与消费者之间只是商品交易的关系，并没有更多的生活交集。但在新零售背景下，零售商和消费者之间的接触面日益增多，其情感联系更加密切。新零售商一般都会建立自己的会员系统，通过终端获取用户大数据信息，全面地掌握消费者的消费行为，并深度挖掘消费者的潜在需求，利用应用移动终端来融入消费者的生活方式。例如，天猫网和SK-Ⅱ等美容品牌合作，在“6・18购物节”活动中打造了一个新零售体验馆，将品牌的线上会员系统与线下会员系统打通，并聘请品牌专业美容顾问为消费者提供在线视觉咨询服务，通过虚拟现实技术让在线消费者进行动态化妆试用体验，以便线上会员能够在线体验品牌的线下服务。

（三）线上和线下深度融合

线上渠道和线下渠道融合的目的是打通商品结构、定价、促销和信息，使购前、购中和购后环节无缝切换。在实践中，零售商可以通过整合信息系统实现上述功能，最大限度地提升消费者购物的便利性、经济性、及时性。

例如，盒马鲜生是一家典型的全渠道零售商，相比于传统的生鲜农产品和食品零售，盒马鲜生依托于母公司阿里巴巴的新零售系统和移动网络技术，实现了线上和线下购物的无缝体验，并借助物流体系建设了“当日达”物流网络。与传统的线下零售商和线上电商相比，盒马鲜生利用大数据、云计算、人工智能，将供应链与终端快递进行重新整合，采用区域仓和门店仓相结合的模式，为顾客提供“3千米内1小时配送”服务。此外，消费者还可以选择配送上门、到店自提和到店购买三种方式。这种线上和线下融合的新零售模式促使库存管理得到协同化，使线上和线下的品类、定价、促销同步，便捷和丰富了消费者的购买选择。另外，盒马鲜生对生鲜农产品的拣选流程有严格的标准，以保障生鲜农产品的品质。不仅如此，盒马鲜生设置的配送服务范围只覆盖3千米，虽然线上订单会有所减少，但是保证了配送服务的保鲜性，也间接解决了冷链运输的行业痛点，提高了消费者的满意度。

线上、线下一体化的实现不仅需要布局线上渠道，还要打通线上、线下的信息系统，完善物流服务体系，保证配送服务的即时性，这样才能让消费者真正体验到线上和线下购物的无缝衔接。实际上，仅凭 O2O 模式是难以将实体店运营和线上渠道相融合的，因为库存供应链管理的数据并没有打通，物流服务也缺乏协调性，尽管部分零售商打通了线上渠道，但其线上渠道和线下渠道仍存在彼此割裂、各自为营的问题，无法实现跨渠道的协同效应。在未来，零售转型升级的重点是整合线上和线下资源，将各个环节细分并重新配置，令线上和线下的互补性资源能灵活共享，协同为消费者创造功能性价值。由盒马鲜生的案例可以看出，我国零售业的线上和线下渠道应当进一步优化和整合，实现跨渠道资源共用，形成全渠道共融协同的新零售模式，为消费者创造便利、丰富、流畅的购物体验。

（四）复合消费体验

新零售意味着打破传统的零售边界，将不同的商业业态进行跨界组合，通过产品与服务的结合为顾客提供购物的附加体验价值，将原本枯燥、单调的购物体验变得更加生动、有趣，将游戏、餐饮、休闲、直播、视频、节目等要素叠加在零售购物体验中，让零售购物成为一种类似于去电影院、游乐园、游艺厅以及餐馆等场所的休闲体验。比如，盒马鲜生为消费者提供了生鲜农产品的现场烹饪以及就餐服务，在零售购物场景中附加了烹饪餐食服务；无印良品是日本著名的杂货品牌，其主营产品为服装，同时还经营包装食品、家居小电器等产品，店内设置了宽敞舒适家居的休息区，为认同该品牌文化的消费者提供品味独特的购物环境；诚品书店是一家具有文创气息的书店，它以文化创意为核心经营理念，为顾客打造了一种集阅读、休闲、餐饮于一体的购物体验。

总体来看，多维业态的价值塑造是实现消费者享乐性购物的直接途径。例如，无印良品的店铺设计融合了消费和休闲的元素，包括了消费品货架区以及观赏性的公共区域，公共区域赋予了家庭的设计感，通过家具设施和商品摆放的结合，完美地呈现了商品的价值。从消费者认知上看，这种“家”的氛围给消费者带来的简约美感以及归属感能够瓦解消费者的防御心理，让其在购物体验中充分放松，唤醒消费者对自然本质的意识思考，让其获得超出物质世界的情绪体验，完全沉浸在“本质回归”的精神探索中。

因此，多维业态的价值塑造不是单单引入休闲娱乐设施，而是以细分市场的价值诉求为基础，以零售品牌的市场定位为中心，通过多维服务、美学装潢、空间布局等有形设施和无形服务来增加购物体验的休闲性和娱乐性元素。具体而言，传统零售商应当像无印良品、盒马鲜生这样引入新元素，并将此元素与其内核功能性价值紧密结合，使享乐性的附加价值与功能价值紧密联系，而不是彼此独立。例如，在 2017 年，永辉生活、猩便利等在实体店内引入了大型户外的触摸性终端设施，并在机器中放置了休闲娱乐元素，但是市场反响并没有原来预想的那么乐观。这主要是因为其享乐价值与功能价值的联系不足，新价值并没有将实体店从购物氛围转换为生活氛围，消费者的感知仍然无法达到“沉浸式体验”，从而导致其价值结构不稳定。因此，零售多元化体验的塑造应当重新思考品牌的使命和商业资源，令多维体验元素产生资源协同效应，并根据消费者的主要购物目的，以商品使用场景为基础，构筑互补性的多维体验要素，激发消费者的沉浸体验感。

（五）“跨界＋促销”裂变式营销

商品的社交价值是通过消费者传播行为构建的。在网络社交时代下，注重网络社交的消费者，更愿意通过分享其使用的产品、服务及体验建立个人形象。商品品牌不仅是零售商的符号，也是消费者所属群体的一种象征，因为消费者更愿意选择与自身生活风格和价值取向有类似属性的品牌，并将其以文字、图片、视频、链接等多媒体形式分享到社交圈子内。对于零售商而言，消费者的口碑传播行为意味着品牌价值能够在社交网络中迅速扩散，从而产生营销式引导的机会，形成零售商和消费者之间的长效互动机制。

从应用案例来看，现有新零售企业的社交营销策略侧重把优惠折扣活动融合在社交传播中，以便零售商对消费者的需求特征进行总体把握，并引导消费者对其品牌形象进行推广，从而在市场中建立更高的品牌认知度。

实质上，“跨界＋促销”营销策略并非单单依靠领红包、首单免费等促销手段，而是要在拉新裂变、购后分享和跨界话题等营销活动的共同作用下，才能获得比广告营销更好的效果。例如，拉新裂变活动能给新老用户带来直接利益，购物分享的随机红包能增强分享过程的趣味性，令其具有社交传播价值。当分享达到一定量后，营销力度才能达到最大。此外，零售品牌还可以与当红流量 IP 进行跨界合作，以流量交换的形式制造话题，在零售品牌上附加人物、事件，使之更有吸引力，从而诱发用户的自愿性分享行为。

（六）满足定制化需求

线上零售和线下零售的一体化将形成庞大的全渠道消费者行为数据，这些数据具有不可限量的价值，零售商通过大数据分析和智能决策对这些数据进行留存及应用，帮助零售商促进作业水平以及更迭商业模式，并提升企业运作的科学性。从目前我国关于新零售的主流定义来看，首先，大数据是开启定制化服务的关键资源。在消费者定制化的案例中，天猫智慧门店是其典型代表。阿里巴巴集团通过旗下的淘宝网、天猫商城、支付宝等平台的大数据分析，为广大用户构造消费者画像和标签，并根据不同城市的差异化特色为其提供相应的商品品类。在线上，天猫商城借助智能算法来定向推送，根据顾客标签为消费者创造个性化价值。其次，大数据将成为商流、物流和信息流的联结纽带，各个流通环节的信息都将形成大数据，反哺于流通供应链运作，让消费者的个性化需求在物理条件上得以实现。在资金流方面，阿里巴巴集团通过旗下的蚂蚁金服为消费者提供个人金融服务，实现了金融产品的多样性和灵活性。在物流方面，阿里巴巴集团利用菜鸟网络来设置最优的前置仓和区域仓，并通过菜鸟自提柜解决“最后一千米”的难题，让消费者取货更加方便。

信息技术创新与应用是实现消费者定制化价值的关键。新零售、无界零售和智慧零售都将以消费者的个性化需求为中心，将新技术的应用过程融入零售业转型升级的过程，利用前沿的技术提升大数据的精确性、精准性、有用性、可分析性和安全性，令零售服务更加灵敏化和智能化，轻松应对“千人千面”的定制化需求。

(七) 文本情感分析

文本情感分析也称意见挖掘，是一种基于文本挖掘和自然语言处理技术的新技术。它是对带有情感色彩的主观性文本进行分析处理、归纳和推理的过程。从广义上来看，数据可以分为结构化数据和非结构化数据。随着现代企业内部数据和外部数据的迅速堆积，这些结构化和非结构化的数据对于商业智能的无缝分析显得极为重要。

文本情感分析的目标是找到消费者的意见，然后确定这些意见所表达的情绪，并对其进行分类和统计。文本情感分析根据处理文本的范围不同，可分为词语级、句子级和篇章级三个层次。词语情感分析是基础，是对词语表达的积极或消极性判断。句子层次的情感分析对句子中表达的情感进行分类。篇章级则是对文本整体意见的判断。

大多数有价值的业务信息被编码到文本文档中，人们必须通过专门的文本分析工具才能对这些文本文档进行多维分析和利用。目前，文本挖掘和信息检索是处理文本数据的主要技术。企业应当建立包含结构化和非结构化数据的商业智能平台，将信息检索、文本挖掘和信息提取技术与文本情感分析结合起来，以实现有效的商业智能平台。

(八) 用户画像分析

用户画像分析是企业通过对消费者的社会属性、生活习惯、消费行为等主要信息数据进行分析，给消费者贴上各类标签，以便对其进行分组，并用于营销和广告。它的目的是描述客户的类型，然后根据消费者的特征确定最佳的营销方案。它既有助于了解消费者，进行精准营销，也可以提高消费者的满意度。

用户画像分析法的主要步骤如下。

首先，建立用户画像的前提是识别用户的身份。例如，通过微信、QQ等社交媒体准确识别用户，或者通过手机号、位置定位等信息确定互联网用户的线下位置。

其次，在识别用户的身份信息后，动态跟踪用户的行为轨迹，并建立用户标签。例如，分析用户的商品评价、社交分享、浏览行为、社交网络等数据，借助文本分析工具来判断用户的文字内容，分析用户会在何种特定场景下使用商品，从而建立品牌与场景标签之间的关联性。

再次，将海量用户的行为数据进行定性编码，以统一的标签形式进行管理。常见的标签有行为特征、社交网络特征、兴趣爱好特征、心理特征等。标签化管理有助于营销人员进行定量分析，从而提高决策的有效性。在大数据和人工智能背景下，定性数据的编码化有助于提高机器学习的效率。用户标签需要根据人口统计量来细分某一群体，对该群体的产品消费、外观偏好、审美观念等关键词进行统计分析，从而反映出该类群体的消费特征，甚至可以通过挖掘消费特征的相关性，利于智能系统自动判断用户所需要的相关性商品信息。

最后，结合静态数据对用户价值进行评估，即通过对用户的身份信息以及行为轨迹信息对用户进行市场细分。通常采用因子分析和聚类分析等数学工具，对消费者的不同消费动机、消费习惯、生活习惯等进行分类。比如，艾瑞咨询在对互联网消费的一项研究中得出，高学历网民的用户画像由计划性、享乐型、高质量资讯需求、品质型消费等标签组成。

（九）个性化推荐和精准营销

个性化推荐的精准营销模式是情绪分析的一个发展趋势。在广告营销中，商业智能的应用空间巨大。一方面，商业智能通过用户数据建立用户画像或进行市场细分，如上网特征、购物偏好等，并且将产品属性与用户需求进行匹配。另一方面，它通过决策模型实施定向广告投放，通过个性化推荐将不同的数据源集成到客户关系管理和客户体验管理中，有助于企业了解客户，进行精准营销，达到最终营销目标。

电子商务平台采集的用户大数据通常包括用户使用搜索功能的频率、浏览偏好、使用促销的类型（如降价、送赠品等）和购买记录等信息，这为商家的个性化推荐和精准营销提供了便利。个性化推荐和精准营销也是学界研究最多的两个领域。个性化推荐是根据网民经常浏览网站的时间、方式和产品的内容偏好，通过运用智能技术对用户进行咨询服务，比如“猜你喜欢”的推荐页或推荐栏。精准营销是商家在精准定位的基础上，通过向特定客户发送优惠短信、优惠券等促销策略让目标客户产生响应，并将产品推广给潜在客户。

除了个性化推荐和精准营销，新零售模式下商家经常采用的营销策略还有交叉销售和顾客忠诚计划。交叉销售策略是借助文本挖掘和情感分析来区分商品之间的互补关系或替代关系，为顾客提供其购买目标的相关商品，从而引导顾客购买更多的产品。而采用的顾客忠诚计划是因为获得顾客的忠诚是企业的重要经营策略。

（十）商业决策仿真

商业决策仿真是指企业利用智能系统和大数据，将仿真技术用于决策，建立一种全新的智能决策和管理方式，即决策者在下达指令前需要进行一个小而系统的仿真实验检验决策的正确性。也就是说，以数据驱动的商业实验或项目测试将成为商业决策前的检验方法。

在云计算功能的帮助下，企业根据管理决策的基本原理和方法，利用仿真技术，约束供应链中的各种随机因素，建立相关的供应链方案模型，按照一定的随机因素的概率分布，对供应链进行模拟、仿真、比较和优化，并通过反复计算，对企业经营者再现真实场景和进行业务管理决策模拟训练，给出最终的决策。例如，零售商利用大数据模拟实验室，根据仿真供应链中的实际情况和所有可能的决策结果，来判断某一区域的特定消费群体的特性，决定哪种促销方式最为高效，从而提高决策的准确性。

第二节　保险产业价值链概述

一、相关概念

（一）产业链的概念

产业链是产业经济学的概念，是指不同产业部门之间依据特定的逻辑关系和时空布局关系客观形成的链条式关联关系形态。产业链包含价值链、企业链、供需链和空间链四个维度，这四个维度在相互对接的均衡过程中形成了产业链。这种“对接机制”作为一种客观规律，像一只“无形之手”调控着产业链。

产业链有狭义的产业链和广义的产业链之分。狭义的产业链是指从原材料到终端产品制造的各生产部门的完整链条，主要包括产品的具体生产制造环节。广义的产业链是在面向生产的狭义产业链的基础上尽可能地向上下游拓展延伸。产业链向上游延伸一般是指产业链进入基础产业环节和技术研发环节，向下游拓展是指进入到市场拓展环节。产业链的实质就是不同产业的企业之间的关联，而这种产业之间的关联主要是指各产业中的企业之间的供给与需求的关系。

首先，产业链形成的原因在于产业价值的实现和创造，也就是说，产品只有通过最终消费才能实现其价值，产业链是产业价值实现和增值的根本途径。其次，产业链也体现了产业价值的分割。随着产业链的发展，产业价值由在不同部门间的分割转变为在不同产业链节点上的分割。最后，产业链的本质是体现“1＋1＞2”的产品价值增值效应。

（二）价值链的概念

美国著名战略学家迈克尔·波特(Michael E.Porter)于1985年首先提出价值链的概念。他认为，价值链是企业组织中一切具有价值创造特性的主要活动与辅助活动的集合。之后，寇伽特(Kogut)认为，价值链是企业将原材料、技术和劳动融合到一起，逐步形成最终产品或服务，在市场中完成消费的价值循环过程。从价值链的发展来看，价值链理论已经从供给导向转变为需求导向，即一切为满足消费者需求而进行的增值活动集合被称为价值链。2000年前后，随着经济全球化的发展，全球价值链这一概念开始出现。全球价值链是指全球范围内的不同企业，围绕着产品的设计、生产、营销、售后等行为进行合作，从而组建成的一种价值链网络。

从价值链和产业链的定义可以看出，价值链和产业链虽然都是讨论从原材料到最终产品再到消费的过程，但两者在目标上有所差异。产业链是基于供给导向的企业合作关系，考虑的是如何减少产业链环节成本，提高企业利润；而价值链是基于需求导向的企业合作关系，考虑的是如何满足消费者的特定需求，以及如何在价值链中增值的问题。此外，从关系层面来看，产业链中的各企业之间是松散的合作关系，合作交易关系是短期的；而价值链中的各企业之间是紧密的协作关系，利益风险由战略联盟共担，其组织合作具有灵活性，某些资源配置能够实现共享。

（三）产业价值链的概念

企业价值链的存在空间并不限于企业之间，可能存在于企业范围之外的庞大体系内，包括供应商价值链、销售渠道价值链和顾客价值链等。而产业价值链是产业链和价值链的结合，它主要探讨产业组织链条中的价值创造和传递问题。产业价值链是以核心资源为前提，以满足最终市场的特定需要为终极目标，从而产生的具有合作关系的企业组织集合。这些企业组织的合作相互交织，形成了庞大的产业价值链网络。作者认为，产业价值链概念的界定有两个关键特征：首先是具有相互衔接关系的企业价值活动的集合；其次是活动集合以核心资源为前提。因此，产业价值链是企业内部和外部合作分工，针对消费者的需求来实现产品的原材料、生产、销售、服务等一系列价值增值活动。

由此可见，产业价值链的定义既有产业链的逻辑流程概念，也具有价值链的顾客导向驱动概念。产业价值链代表了产业链中主体价值的传递、转移和增值过程，并且这个过程是动态的。由于消费者的需求在不断发生变化，所以企业必须在现有产业价值链结构下发现新需求，然后实施产业价值链再造。企业需要重新整合链条内的企业组织，并重新定义链条层级、分工关系和上下游地位。因此，作者认为，产业价值链具有价值属性，它是一个庞大的企业组织网络，链条内的不同企业和产业之间都存在分工合作关系，共同为产品或服务提供价值。随着信息科技的发展，产业价值链内的企业将实现信息的传输、反馈和共享，这些企业主体都将依托产业价值链而生存，承担网络环节中的特定职能，借助其服务能力来为最终顾客创造价值，经营利润则是副产品。

（四）保险产业价值链的概念

保险产品与制造业产品有较大差异，因为保险产品是具有无形性、承诺性和风险性的金融产品，所以保险产业价值链的前端环节较长，后端环节较短。同时，保险产业价值链也具有商业企业的一般共性，如自主经营、自负盈亏、独立核算等。根据产业价值链的定义，作者将保险产业价值链定义为：保险产品在设计、营销、承保、理赔、售后、资金和技术中呈现的价值传递和增值过程。保险公司以投保人和被保险人的需求为中心，组织产业内保险信息资源的共享，不同保险业主体在链条中为投保人和被保险人创造差异化价值，从而构成了庞大的保险及相关服务行业的产业价值链。保险产业价值链由产品设计、保险营销、保险承保、保险理赔、保险售后服务、保险资金运用和技术支持 7 个部分组成。

二、保险产业价值链的组成

（一）产品设计

在传统制造业中，由于其产品的生产过程涉及材料物理形态的变化，所以其产品设计的子流程环节较长。但是，保险产品的设计与其差别较大。保险公司的保险产品设计是先基于大数法则和可保风险原则，根据保险业对保险产品的分类建立初步的产品构思，然后再基于数据和精算模型，在行业监管的前提下，设计出具有明晰条款的金融产品。保险产品在很大程度上是以预期赔付率、理赔成本、销售费用、运营费用等经验数据为定价依据。

（二）保险营销

保险营销是指保险公司使用直销或者分销手段将保险产品呈现在最终市场上的过程。保险公司既有面向企业、团体市场的产品，也有面向个人市场的产品。由于面向的对象不同，其营销方式也有较大差异。传统的保险营销方式往往是代理人团队通过面对面、电话、互联网等方式与客户进行交流，并通过保险合同的签订来完成交易。因此，保险代理人团队的建设很大程度上决定了保险公司的销售业绩。

随着保险业的不断发展，新型保险中介机构如雨后春笋般出现，这也进一步扩大了保险营销渠道。这些新型保险中介机构既有第三方电子商务平台、汽车销售服务 4S 店和旅行社等代销机构，也有保险经纪公司、互联网保险公司、互联网金融理财平台、第三方支付平台等新兴主体，它们为客户提供了更加丰富的保险购买渠道。

（三）保险承保

保险承保是指在保单销售成功后，保险机构对被保险人或保险标的的关键信息进行审核，并做出是否同意接受投保人提出的投保申请的过程。因为信息不对称，保险很容易产生道德风险和逆选择，所以保险公司必须通过核保来确定投保人是否符合公司的承保标准，并确定合同的成立与否。在核保过程中，投保人上传的信息资料是交给保险公司审核还是交给第三方机构审核，这决定了保险公司承保业务的质量好坏，也进一步决定了保险业务的赔付率，对保险公司的财务状况起到直接作用。

（四）保险理赔

保险理赔是保险活动中最重要的环节，因为保险产品在理赔责任履行后才能完成经济补偿职能，真正起到分摊投保人损失的作用。被保险人或受益人提出索赔申请后，保险公司或第三方机构将进行受理，然后计算赔款并履行赔偿或给付。通常来说，保险理赔流程包括通知出险、受理赔案、现场查勘、保险审核、赔款计算、履行保险合同等。

（五）保险售后服务

保险售后服务是指在客户购买保险后，保险公司根据客户的需求提供的售后服务，包括解答疑问、产品咨询、保单解读、保单状态、退保和理赔进度咨询等一系列相关服务。其中，保单保全服务是一项重要的售后服务，主要为客户续保、红利领取、红利转换等投保计划变更行为提供咨询和服务。

（六）保险资金运用

保险资金运用是保险的资金融通职能的体现，这部分资金主要来自资本金、公积金、未分配利润、各项准备金及其他资金。为了提高这部分资金的经济效益，保险公司应当采取稳健的低风险投资策略，通过投资收益使资金增值，以便更好地履行保险保障的职能与义务。保险投资的方式主要有银行存款、有价证券、贷款、不动产投资和股权投资等。

（七）技术支持

传统企业的经营活动是有投入和产出的，保险公司也不例外，除了人力资源的投入之外，咨询服务、信息数据、法律服务和信息系统都是保险公司重要的资源投入。技术支持性的资源投入可以提高价值链的技术创新性，从而改善保险技术。保险技术不仅使营销方式变得更加丰富、互动性也更强，而且承保和理赔流程的时间也将会大幅缩短，使售后服务更加智能化。因此，技术支持的最终结果是增强保险产业价值链的运营效率，并提高保险公司的服务价值创造能力。

第三节　新零售与保险产业价值链的融合分析

一、保险新零售的商业形态特点分析

（一）以消费者为中心

新零售的形成是由消费者的个性化需求所驱动的，“新零售＋保险业”也必然要以消费者为中心，满足“千人千面”的消费需求。目前，各种实体商业都纷纷开始建设新零售渠道，将大数据、移动支付、虚拟试衣镜、自助结账、人脸识别等技术嵌入消费场景。这给保险业的新零售建设带来了启示。比如，基于大数据系统采集的人脸特征、身份、资产、收入、消费、房产和汽车等征信信息，保险机构可以借助人脸识别技术直接验证用户的信用得分，以便为其提供相应的保险产品，以及在关键场景实施精准推荐，提高营销流量的转化效率。另外，保险公司通过大数据技术实时监测消费者的偏好趋势，建立保险公司、第三方服务公司、电商平台、保险经纪公司、第三方理赔机构等产业链主体的大数据共享，然后进行保险服务流程的价值链再造和模块化设计，灵活发挥新零售的全渠道优势，为消费者提供定制化的实时反馈服务，从而满足消费者的碎片化需求。

同时，保险新零售将带动消费者的服务供应期望。基于支付宝等支付应用已经深深嵌入了消费场景当中，保险各大平台应用都开通了线上支付渠道，使高效便捷的支付通道成了消费的主导因素。另外，借助互通性应用，保险公司能与投保人和被保险人建立起实时反馈的机制。随着保险消费者的需求逐渐呈现出多元化的态势，个性化定制和碎片化订单也将成为常态。

（二）线上线下运营深度融合

新零售模式可以实现产业链的深度整合，使线上渠道和线下渠道中的各类运营资源相互融合，发展产业链中协调资源的灵活性，促使资金、流量、信息、人力、服务、大数据等关键要素在时间和空间上进行有效配置。具体到保险业，保险新零售模式可以推动线下和线上整合的全渠道保险营销与服务，让消费者的咨询、购买、支付、售后、理赔等消费者行为可以不受地点、时间等硬性条件的约束，并且能够自由选择保险服务渠道，丰富消费者的消费体验。

（三）产业价值链再造

传统保险业采用了结构层级较高的代理模式，在这种模式下，渠道链条过长，代理成本与协调成本较高，导致不同保险品牌缺乏独有的竞争优势，其产品的真实价值不能得到完全实现；营销渠道上下游摩擦较大，导致保险公司和中介机构不能实现利润最大化，潜在顾客的流失率较高；保险销售误导横行，市场满意度较低，客户退保率较高，从而增加了保险产业价值链的成本。传统保险产业价值链的各个环节之间存在割裂化问题，信息协调缺乏灵活性，导致客户在不同服务流程中获得的体验不一致，加之服务质量的稳定性不足，信息反馈效率差，也导致客户期望得不到满足。然而，新零售大数据共享对产业价值链的整合作用，将彻底打破保险产业价值链中的割裂问题，使各个服务环节的关键职能在关键时刻重新配置，高效应对全渠道服务需求。

（四）共享大数据价值管理

大数据是描述互联网时代下海量数据流量的一个术语，它是指体积、速度和可变性超过传统数据库管理系统处理能力的数据。随着科技的发展，信息的高速流通，产生了海量数据，许多有价值的模式和信息都在这些数据中，这些数据集可以通过计算分析展示与人类行为和交互有关的模式。

新零售企业的最大优势在于它的数据收集和分析能力。未来保险企业要参与全渠道零售竞争，必须抓住“流量”和“数据”两大战略资产，以便实时采集大数据信息，为内部业务提供数据支持。企业在实现数据可见性之后，仍不能较好地分析、应用。造成这一问题的主要原因有两个。一是企业缺乏完善的数据治理机制。价值链中各个环节的数据来自不同的系统，因为其定义和结构不尽相同，责任也不明确，所以其质量无法保证。二是数据的离散性和割裂问题。大多数传统品牌企业的数据应用范围局限在各个部门中，数据没有得到充分利用，也没有起到决策支持作用。从新零售格局下数据供应链的未来发展趋势来看，企业可以将数据集成到共享数据平台上，并将数据的分析结果推送给决策者，从而实现决策支持功能。

大数据共享也是“新零售＋保险业”产业价值链的重点，新产业价值链生态内的各参与主体都将通过大数据战略联盟建立利益和风险的共享、共担机制，而且标准化信息数据的口径也有利于数据全方位的实时共享利用，包括全渠道内的用户大数据、营销数据、运营信息、网点信息、理赔信息等产业链一体化信息。保险业的各主体通过这些信息数据的关联与运算，又会产生新的有价值的信息，并催生新产品、新模式、新业态。

（五）全渠道营销

在电子商务兴起之前，市场上就存在着直接服务消费者的多渠道零售概念。随着电子商务的兴起，供应商和零售商确信在线业务是竞争战略的必要组成部分，混合营销系统的概念也随之产生并得到发展，其强调为消费者提供多种商品购买渠道。以 IBM 为例，顾客可以通过销售人员、公司营销网站或邮件购买商品，这样就形成了一个混合营销系统。经济学认为，采用混合营销渠道的公司将取得顾客的购买行为和自身销售之间的平衡，并在企业的营销活动中得到证明。

全渠道战略是多渠道战略的升级版，店铺布局的渠道包括但不限于O2O、电子商务、实体店、移动电商等，并且不同店铺能够共享库存，以满足消费者的各种消费需求。电子商务和实体渠道全方位发展，以满足消费者对多渠道无缝消费体验的期望。零售企业的全渠道战略是在消费者无缝消费体验的背景下提出的，因此，零售企业应当根据消费者的不同价值主张整合营销渠道，构建统一的治理机制。

（六）智能技术实现精准体验

自从保险业进入保险科技时代，人工智能的应用就成为保险业技术升级的重要标志。与此同时，人工智能也是新零售的显著特点，如机器视觉技术、自然语言处理、AR/VR 技术等。因此，“新零售＋保险业”结合了保险科技与新零售的共同优势，将人工智能逐步渗透到产品设计、营销和服务中，节省了人力成本，消除了不必要的产业链环节，并提升了用户的体验度，为顾客提供 7×24 小时的智能咨询服务。同时，人工智能技术可以根据顾客的财务状况、浏览轨迹、购买记录等为顾客提供智能化的购物方案，并构建虚拟的购物场景。另外，“新零售＋保险业”可以通过自然语言处理以及挖掘顾客行为规律背后的深层需求，帮助保险公司开发新型保险产品。

在人工智能技术的支持下，保险业将重构实体与虚拟消费场景，通过健康管理实现个性化、定制化服务，将保险深度融入场景体验中。其中，场景体验是指通过感官、思维、情感、行动和关联体验，在人工智能技术的支持下，不断模拟消费场景，并根据反馈结果进行优化，从而构筑出与消费者的真实体验更加契合的完美场景。比如，保险公司将可穿戴设备和保险业务结合在一起，在小范围内组建“局域网”，并接入移动互联网，实现可穿戴设备与总系统之间数据的互联、互享、互通，组建一个将保险与相关需求服务融合的科技感场景，提高消费者的黏性。

精准推荐技术是新零售智能技术发展初级阶段的关键应用，它挖掘了用户流量的潜在价值，提高了点对点广告的投放效率。这有助于增强线上营销的效率，提升品牌的注意力，减少用户拒绝的次数，加强保险公司与消费者之间的联系。消费者的个性化需求催生了企业的多元化供给，但是企业的多元化供给不能粗放地推送给用户，在移动互联网时代，用户每日要接收大量的信息，精准推荐可有效地从冗杂信息中脱颖而出，直接瞄准消费者实时变化的新需求。人工智能算法是实现精准化服务的前提，它可以借助用户大数据建立消费者画像，将商品标签与用户标签相匹配，实现商品、价格、促销、渠道、服务等全面化的精准对接，让消费者产生高度黏性，帮助保险公司获取利润。

（七）社交化商业模式与价值共创

商业模式是指企业与企业之间、企业的部门之间、企业与顾客之间、企业与渠道之间存在的各种各样的交易关系和连接方式。商业模式代表了企业独特的价值创造和价值传递的逻辑。商业模式的变革基于技术创新或模式创新，而新零售是同时从这两个层面出发，针对消费者的个性化需求而不断内生性演进的一种商业范式，其演进逻辑是以消费者为中心，主张为个性化体验不断完善自身。移动社交商业模式的特征在于社交平台的应用，社交平台可以将购物信息进行多次转发，往往消费者在看到一个好的促销活动后，会主动通过各类社交渠道进行转发，从而产生传播裂变。相比过去的互联网广告竞拍模式，这种模式的成本更为低廉。例如，腾讯社交、新浪微博、直播社交等，都是良好的流量入口和分发平台。另外，移动社交商业模式的优势还在于用户社交圈的利用，它通过构建服务社群，借助用户对购物信息流量的带入，促使购物信息在社交圈中扩散。以京东电商为例，它们通过接入微信和 QQ 的社交平台，将社群流量转化为口碑推广的模式，从而为店铺带来可持续的流量。

基于社交化商业功能建设，“新零售＋保险业”以消费者体验为中心开发的社交功能，彻底打破了保险业和消费者之间的单向信息传输模式，加强了两者的互动作用。基于社交功能，将建设保险公司与客户、个体客户与个体客户、个体客户与客户社群、客户社群以及零售商与客户社群的多维度、多层次的互动，并搭建品牌相关的社群，加快忠诚顾客对企业有益信息的传播，构造和谐共生的社群生态，引导顾客的价值共创参与。同时，由企业主导的社群和互动平台，可以培养顾客的产品经验和共创能力，让顾客在长期互动中越来越了解全渠道零售商，从而不断巩固和提升顾客关系，实现“新零售＋保险＋社交”的协同性发展。

（八）全新数字化组织生态

新零售格局将推动保险业的全面数字化管理，为保险设计、销售、承保和理赔实现精细管理，并为商业决策提供大数据支持。传统保险业的产业价值链条较长，各环节节点之间的合作摩擦较大，产业价值链传递路径较为复杂。新零售模式可以实现保险产业价值链的前端和后端一体化，推动销售链、资金链和服务链的三链融合，全面整合保险运营一体化流程，并推动组织结构的扁平化发展，使其逐步向先进的互联网保险组织结构靠拢，提高组织效率。

大数据、云计算、物联网、人工智能将重新定义人们的消费行为和方式，把消费者集中在“人、货、场”三个方面。这需要对保险业进行数字化改造，保险产业链的数字化发展将逐步颠覆产业链的合作方式，重新构筑保险业生态。这种新生态将以大数据为驱动力，以数字科技为支撑，形成全面数字化的供应链信息系统和第三方大数据服务型组织，以推动保险供应链数字化转型。在新生态下，保险公司及相关服务型行业通过数字化触点网络捕捉实时大数据，并上传到供应链中心网络，或者通过区块链实现分布式账簿并同步到所有网络内的组织。这样，保险产业链上下游才能实时感知消费市场的变化，并借助无边界和柔性化特征的数字化产业链组织，共同采取目标一致化的应对策略，迅速满足消费者的个性化需求。

保险业的理赔服务相当于新零售商业的物流设施，因此，保险业可以学习新零售物流的发展思路。未来中国将出现规模化、集约化的物流业务，新的物流业务需要不断完善精细化、智能化、柔性化等要求，以促进物流服务能力的提升。新零售需要敏捷的物流，以快速响应市场变化，满足“多批次、少批量”和“直接供应给消费者”等业务需求。因此，当前物流企业致力于电商物流仓储配送和城市物流能力的发展，商业巨头也纷纷投资建设物流体系和基础设施，致力于提高自身的服务能力和数据字段技术。应该指出的是，物流未来的竞争将不再强调只拥有物流资产的重要性，物流基础设施将成为一种开放的社会资源，未来的物流竞争将更加注重运营，注重客户和价值链的控制。

（九）构成新型竞争格局

新零售将促使保险产业价值链形成新生态，即产业链中各企业的竞争和合作关系将被重塑，产业链中的上下游企业摩擦将会减少，竞争格局将从纵向竞争转变为横向竞争，从个体竞争转变为联盟竞争。新零售的变革将促使消费者大数据枢纽成为产业链的中心领导者，将通过引力集聚效应吸引广泛的共生性组织进入产业链，形成使命同化的良性有序生态。从成熟产业组织的发展来看，个体与个体的竞争终将变为企业群与企业群的竞争。这也是经济发展中竞合关系的良性状态。在新零售时代，单一保险机构难以独立地在市场中生存，只有从属于一个或多个生态圈，才能保障其成长的稳定性。

（十）催生新型保险组织

新零售模式的出现，以及移动互联网、移动支付、机器视觉、大数据、云计算等信息科技的成熟，催生了无人零售、智慧门店等新兴零售业态。这说明技术进步和商业模式变革将会直接产生新型的商业形态，而且将突破传统商业形态的不足。保险公司利用大数据能实时捕捉被保险人和投保标的的关键信息，并对保险供给策略不断进行多维度、精准化的调整，以更好地满足消费者的个性化需要，同时减少道德风险和逆向选择，增加保险公司的利润。因此，新零售时代将会产生集合型、复合型、场景型等多种保险商业形态。

以美国汽车保险公司 Metromile 为例。它是一家互联网保险公司，其商业模式是通过“Metromile 脉冲”对投保汽车进行实时检测，并根据消费者的信用大数据以及行驶里程来收取保费。该公司以车载诊断系统作为消费者的交互设备，借助智能设备来远程诊断汽车的机械问题，并提供导航线路、修车查找、罚单检查等价值链后端服务，为消费者提供了一站式的汽车保险解决方案，形成了“汽车保险＋维修＋导航＋检测”的经营模式。

二、新零售对保险业发展的影响

(一) 提高投保过程的理性化和便利性，降低运营成本

在新零售时代，当大数据积累到一定量后，智能机器人可以通过深度学习的方法学习保险条款的知识信息，当其运算能力、存储记忆发展到一定程度后，智能机器人将可以为消费者提供保险咨询服务。换而言之，未来保险销售、保险顾问、保险客服等与信息咨询相关的职业将不复存在，这些工作将由智能机器人来完成。相比于人类，智能机器人具有更大的信息存储量，其运算功能更强、数据更迭速度更快，并且其信息数据还处于不断更新中。此外，智能机器人因为没有业绩考核的压力和利己的动机，所以它能为消费者更客观地解释不同保险产品的差别，如保险产品的定价、条款、保险责任以及免责条款等，并且能通过文本或语音的智能识别无障碍地解答消费者的各类问题，甚至能主动告知或提醒消费者一些常见问题，尽可能把烦琐晦涩的条款转化为通俗易懂的语言，让消费者能对保险产品的所有信息有一个全面、透彻的理解。

随着信息安全保障措施的不断完善，个人信息将最大限度地对商业企业开放，因此，智能机器人将能够通过消费者大数据获取消费者的财务状况、家庭结构、健康状况、风险意识等一系列信息，并且根据智能算法，对消费者的人身安全与财产规划给出一系列科学的保险理财建议，通过真实可靠的消费者信息，为消费者提供更丰富多样的选择。

在新零售时代，智能信息技术还可以解决保险合同签订流程过于冗杂的问题。通过互联网大数据，智能机器人能够轻松了解消费者近期的健康状况以及财产状况，不必再麻烦消费者填写复杂的投保单，也

不必让消费者等待过长的时间。因为消费者的所有大数据都被集中在区块链云端，保险公司只需要通过人脸、指纹、语音等识别手段，即可完成身份认证以及投保所需信息的自动导入，接下来只需要消费者进行授权与确认，保险合同即可订立，整个投保周期只需要短短几分钟。

此外，在新零售时代，保险公司将能够完全实现 7×24 小时的运营，且只需要专业技术人员进行系统维护，大幅度减少了营销人员的人力成本开支。

（二）利用物联网加快理赔处理

随着未来网络通信速度的加快，万物互联的实现将使原本信息不对称的问题得以解决。首先，保险公司可以借助人工智能的高速运算量，建立一种系统性的算法，自动处理来自不同物联网的动态信息，并且将使用物联网中的信息与理赔系统协同处理，辅助理赔的审核，快速计算出理赔结果。

例如，在被保险人的财产发生了保险事故后，投保人可以通过现场拍照以及地理位置上传将事故情况告之保险公司，然后保险公司通过保险标的的物联网信息，并结合 GPS 卫星地图上拍摄的现场画面，便能对保险标的的损坏程度进行分析。这一方面能够自动报损，加快审核时间；另一方面能够通过现场图片自动计算理赔金额，节省理赔金额的核定时间，甚至在几分钟内便能完成大额理赔金额的到账。又如车险，未来无人驾驶汽车普及后，一旦车辆在行驶过程中发生交通事故，车内高敏感度的传感器便能将相关数据上传到云端，实现无人驾驶汽车数据与保险理赔系统的协同，并智能触发理赔报案。

（三）增强保险的服务功能

保险的本质是为存在客观风险的消费者提供一种风险共担的保障机制，并通过主动措施降低风险。未来，保险新零售模式不但能计算各种条件下的保费，更能了解什么因素可能会加大消费者的出险概率和损失程度。保险智能顾问如果能够介入到消费者的生活中，对消费者的生活行为进行指导性干预，尽可能减少并遏制风险的发生，那么保险业的职能将会发生颠覆性的改变。此时，保险公司将不再只是为消费者的风险损失提供保险理赔服务，而是为消费者提供减少风险的整体解决方案。这会让保险公司的保险赔付率大幅降低，从而使保险公司的盈利能力得到极大的提升。

例如，在物联网环境下，消费者的可穿戴设备以及物联网通信器随时都在进行风险模拟计算，并对高风险行为与状态进行预报与提醒。可穿戴设备能够监测消费者的实时健康数据，包括体温、血压、呼吸、脉搏、心率，以及消费者所在位置、移动速度等，从而有效地推算出消费者的生命状况。此外，保险公司还可以通过植入芯片获取消费者的饮食数据，为消费者提供饮食与健康的优化方案，最大限度地降低消费者患病的概率；通过优化消费者的出行方式降低意外发生的概率，从而实现消费者寿命的最大化。

此外，在新零售模式下，保险理财顾问的业务范围将延伸到金融理财方面，把投资理财与风险保障相结合，为消费者设计最优的理财规划配置方案，以实现养老、保险、投资、储蓄的平衡，为消费者量身定制一套全生命周期的保险理财规划。

（四）提高保险的保障范围

保险新零售不但能改变人们的风险意识和习惯，引导人们形成良好的行为，而且可以引入更好的产品定价和风险评估，通过更精细的数据分析使一些无法承保的风险成为可保风险，将一些以前无法购买保险的人转变为可投保的客户。

更重要的是，保险新零售模式能够自主思考可保风险的定义，扩大可保风险的范围。根据以往保险理论的说法，可保风险主要通过以下五个条件来识别：第一，大量相似的暴露单位（相互关系）；第二，意外和无意的损失（不可预测且独立于被保险客户）；第三，可确定和可衡量的损失；

第四，可计算非灾难性或系统性损失的可能性；第五，经济上可行的溢价。在未来，新零售模式下的保险智能顾问将通过更好、更详细的深度学习，学会模拟人类生活的物理规律，并将一些偶然事件模拟计算成精确的概率问题，从而提高我们预测和计算潜在损失的能力，即使在缺乏大数法则的基础下仍然能计算出一些风险的出现概率。因此，保险新零售模式将降低可保风险的门槛，使更多的风险变成可保风险。

三、新零售对保险业发展的挑战

（一）人工智能的根本性技术跨越

目前，我国人工智能保险还处于发展初期，其技术应用以概念营销居多，而非实质性的人工智能。比如，精准营销是目前电子商务以及搜索引擎常用的广告技术，它也被保险公司用于推送广告，即通过贝叶斯算法来寻找消费者。但贝叶斯算法只能向搜索过保险关键词的消费者推送保险营销广告，其效率水平较低。另外，在智能定制保险方面，大多数保险公司并没有做到大数据的协同共享，对消费者的保险定制实际上也只是推荐预先设定好的几款产品，而且不同消费者之间的定制内容差异化不大。真正的人工智能是依赖于神经网络模型、深度学习、数据挖掘等算法来构建运算，相比于“事后型”贝叶斯算法，真正的人工智能是在消费者可能产生需求前便对其实施营销。从我国现有的商业化算法发展来看，人工智能的根本性跨域应用是任重而道远的。

（二）传统保险公司遭受“降维打击”

尽管精准营销技术不是真正意义上的人工智能，但是它已经对传统保险业形成了冲击。相比于销售人员的努力，精准营销通过互联网场景增加消费者与保险的触点，尤其是微信、支付宝、淘宝等，这些高黏性应用平台已经成为大众消费者了解保险和购买保险的主要渠道。可以预期，随着人工智能在保险业中的应用，保险新零售产业必然完成一次根本性的跨越。如果传统保险公司按兵不动、维持现状的话，那么其市场份额将会不断被蚕食，最终丧失在行业中的主动权与话语权。

（三）缺乏专业性人才

目前，人工智能还是一项刚开始商业化应用的技术，我国高等院校尚未开设人工智能相关专业，因此，我国人工智能相关专业的人才还很缺乏，只能引进海外专业人才。同时，大部分人工智能专业性人才也都选择到一流的互联网信息技术公司工作，如阿里巴巴、腾讯、百度、京东等大型互联网公司，较少的专业性人才会选择到保险及相关行业从业。这导致保险行业的人工智能技术的进步速度要慢于互联网行业。

人工智能的最大优势是借助神经网络模型与深度学习算法来捕捉、吸收、模拟以往发生过的案例。这一方面依赖于庞大的海量数据库，另一方面依赖于人工智能专业工程师对系统引擎的调整与优化。因此，专业性人才的缺乏将阻碍人工智能与保险业的融合速度，导致大部分人工智能系统仍然属于规则性引擎，缺乏智能性。

（四）大数据协同性不足

人工智能保险离不开庞大的海量数据信息，尤其是保险智能顾问以及保险理赔机器人，更是要整合市场中所有的保险产品数据和保险事故案例，要通过长期的模拟与训练，才能为消费者提供周到的服务。然而，目前我国大多数保险公司的数据共享缺失，有相当一部分大数据实质是信息孤岛。这主要是因为一方面数据共享存在较大的安全隐患和技术性漏洞，另一方面数据信息是企业获得利润的关键资源。这些因素阻碍了大数据的协同共享，导致数据信息割裂问题长期存在，十分不利于我国人工智能行业的技术进步。

（五）传统保险行业不能及时应对

人工智能保险发源于海外，国外人工智能保险的发展是由大型跨国保险公司推动的，这是因为保险业在发达国家是一个非常成熟的行业，保险公司的资金量非常大，人们对保险流程的了解程度较深，保险公司通过自主研发能加快人工智能技术的应用速度，加强市场竞争力。反观国内，我国保险公司的经营方式仍然是“人海战术”，大多数保险公司缺乏移动互联网时代的应对能力，在人工智能领域更是少有涉及。因此，我国保险科技投入的资金来源大多数是风险资本投资，而保险公司自身在智能技术方面的投资远低于海外保险业。

四、新零售与保险产业价值链共同演进路径

保险产业价值链中各企业的合作关系可以从三个维度进行测量，即长度、深度和广度。其中，长度衡量的是双方的合作时间；深度指的是双方对专有性资源的共享程度，以及共同开发、共同计划等方面的深度协调；广度指的是价值链中各企业在多个领域之间的合作。如果保险产业价值链中各企业在多项业务中都有合作，那么代表价值链多方的合作关系广度非常强。随着价值链中各企业在合作长度、合作深度和合作广度上的提升，它们的合作关系也将得到演进，即从以交易为导向的价值链关系逐步演进为以协调、协同为导向的价值链关系。图 3-8 为新零售与保险产业价值链共同演进路径图。

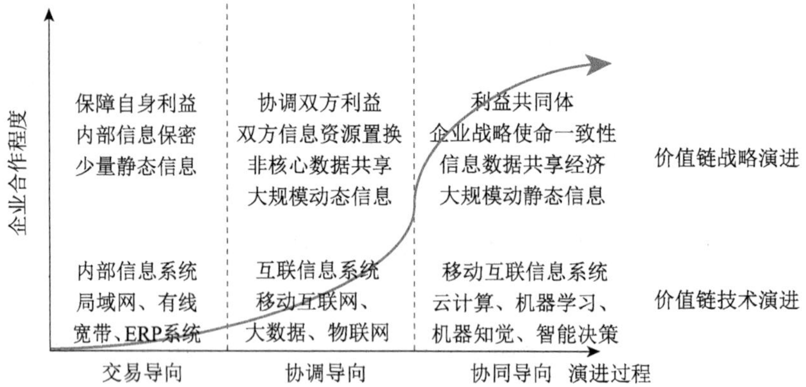

图 3-8　新零售与保险产业价值链共同演进路径

（一）交易导向策略

在过去信息化技术不足的保险产业价值链合作背景下，价值链企业

只是将保险条款信息、顾客信息、理赔信息、销售信息等静态性信息简单地储存在企业的内部数据库中，并仅仅运用于财务会计方面，作为企业实现自我优化与效率改善的资料来源。因此，这类信息是不方便共享或公布的。

交易型合作策略是该技术背景下最常用的价值链战略，其交易的目标在于以最有效率、最有效益的方式完成交易，双方的交易关系也较为短期，更侧重于己方利益而不愿追求双方的长期共赢。比如，客户与企业的交易完全以合同内容为准，即在一定的期限内以特定的协商价格来完成特定的商品交易。这是因为在信息不对称的价值链合作环境下，以提高交易效率为目的的合同交易机制可以减少谈判的时间和成本，降低市场交易费用。价值链中各企业的博弈结果是提高个体交易执行的效率，而由于对整体的价值链未来效益难以估量和计算，促使交易双方难以长期合作。

（二）协调导向策略

随着信息技术的发展，网络速度开始支持大流量数据的传输与储存，物联网将各类物体的属性信息化后，通过通信技术与存储技术支撑大数据信息的传递和储存，进而驱动了价值链合作关系的演进，即从交易导向的合作关系进入到协调导向的合作关系。新型的互联网信息系统将打破企业之间的信息壁垒，即价值链中的上下游企业在实现大批量信息共享后，各企业都可以掌握合作企业的实际情况，可以从长期收益的角度协调双方的合作深度与合作范围，并能理解和包容短期内双方的负面冲击。比如，保险公司和制造商将为线上平台提供自有品牌的共同设计、合作开发等服务，而线上平台也可以为保险公司提供客户的大数据信息。

因此，在价值链技术的演进下，价值链中各企业的合作空间得到加强，合作广度和深度将取得新突破，它们之间的信息流动将从传统的单向流动转变为双向流动，以资源置换为条件的信息共享将成为价值链联盟的战略目标，以实现流程计划和执行的紧密协调。由此可见，协调型合作关系需要以信息技术作为依托，这主要是因为协调型合作关系的核心为信息共享，而信息共享的数据规模较大且流量较高，这对信息传输速度与存储能力都有较高的要求。

（三）协同导向策略

价值链的演进在进入协调导向的合作关系后，下一个阶段将走向协同导向的合作关系。相比于协调导向的合作关系，协同导向的合作关系更关注双方的长期利益和双方在价值链生态中的共同依存，于是，价值链双方的合作高度已经上升到价值观、企业使命、战略愿景的一致性，双方的合作关系已经超越了传统价值链运作，将共同的价值观贯穿于整个业务流程中。价值链中的合作伙伴将共同投资研发短期与中期利益不可预计的风险项目，并共享双方的实体资产、知识资产和人力资本等核心信息。

协同导向理论认为，多个个体协同一致的目标更有可能产生有序和高效的过程，协同力代表了产业系统内部子系统的合作能力。例如，保险流通价值链中的协同力能提升价值链各企业之间的耦合联系，提高价值链结构的稳定性与有序化，同时，价值链中各企业为合作伙伴做出的努力也会使自身受益，从而使整个价值链的受益程度远大于各个子系统受益的加总。

随着智能科技的发展，价值链市场中的信息不对称因素将被消除，计算机与机器人将替代传统的人力劳动，因此，智能科技有望解决人为环境下的委托代理问题与道德风险。具体而言，在交易导向与协调导向的价值链合作中，企业战略都是由高级管理人员制定的，然后自上而下对战略进行执行，这将会产生信息传递偏差与委托代理问题。智能科技的发展与应用将减少执行层面的执行偏差与执行风险，从而确保企业战略的贯彻实施，令保险产业价值链中的企业能够在信任、承诺、相互依赖的基础上建立协同型合作关系。由此可见，在保险产业价值链中引入智能科技，可以解决价值链上下游企业的信息不对称与委托代理问题，使价值链双方的合作程度达到最深和最广，令战略合作成为可能。

第四章

新零售下保险产业组织形态的转型逻辑

第一节　基于“新零售之轮”理论的轮转周期

一、“新零售之轮”理论的含义

“新零售之轮”描述的是价格和服务供给组合的商业周期交替转换的趋势，该理论的雏形是美国哈佛商学院学者麦克奈尔（Mcnair）在《战后的重要趋势和发展》一文中提出的零售业竞争趋势和业态演进理论。它主要研究了社会经济发展中出现的供给过剩问题，即在供给过剩的驱使下，以低成本、低价格、低利润为特征的薄利多销型零售店开始出现。但是，这也导致同行模仿，进一步加大价格竞争，低价策略将失去竞争优势。于是，部分零售店开始提供退换货、优惠券等附加服务，重新建立新的竞争策略，但这也将导致零售业变为高成本、高价格、高利润行业。在此情况下，将会进一步催生新的改革者，重新建立竞争优势，又会出现低成本、低价格和低利润的新型零售业态。概括来说，“新零售之轮”理论的发生机制如图4-1所示。

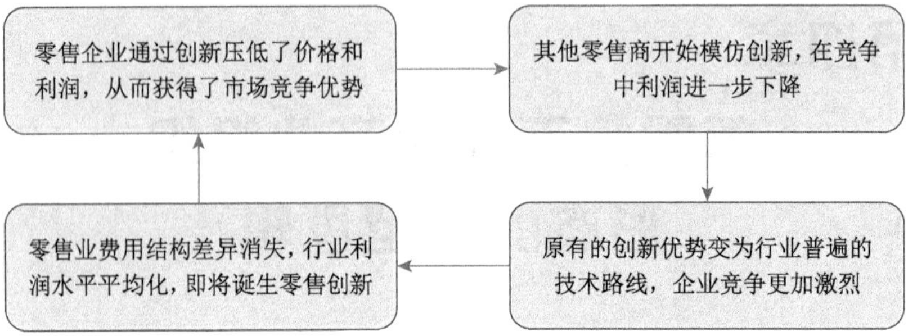

图 4-1 “新零售之轮”理论的发生机制

二、“新零售之轮”理论的逻辑机制

从方法论来看，直观的分析方法借鉴了“技术边界线”“效用无差异曲线”“零售价格”与“零售服务”的概念，通过技术边界线和无差异曲线的移动与最优化分析考察新零售轮转的演化发展方式。首先，技术边界对应了经济学中的生产可能性边界，这条边界是供给市场中零售价格和服务能力的可行集合，零售价格与零售服务是有正向关系的，技术边界线代表了企业在给定零售价格下实现盈亏平衡所能提供的最高服务能力，不同边界线都是基于投入和产出的权衡结果。在给定技术条件下，技术边界线是确定的，不同企业只能在边界线对应的可行集内提供价格和服务。但是，信息科技、商业模式等因素的创新，将会推动技术边界线的移动，扩大可行集的范围，使企业在给定零售价格下提升最高服务能力。其次，无差异曲线也是经济学中的概念，代表了同等效用前提下消费者对价格水平和服务能力的权衡。比如，消费者期望获得更高的效用，但在同等效用下，价格和服务是能够相互替代的。换而言之，消费者在同一效用体验下，可以用更高的价格购买高质量的服务，也可以牺牲服务水平以换取低价。因此，我们通过研究零售技术边界线和等效用曲线的切点，获得当前技术条件和消费者需求环境下的最优价格和服务供给组合，即无论企业利润还是消费者效应都将达到帕累托最优配置。

随着我国进入保险新零售时代，消费者的效应曲线也发生了改变——变得更加在乎保险服务提供的效用体验，技术边界线也随着移动互联网、大数据、云计算等信息科技的实现而逐步向上移动。这些变化促使保险业服务能力得到了大幅提升，而保险公司成本没有显著提高，进而催生了越来越多的新兴保险商业形态，并借助全渠道协同的商业模式增加供给能力，这正是处于新零售之轮的革命创新阶段。

图 4-2 描述了新零售时代的新零售轮转逻辑。由图 4-2 可知，技术边界线是一条正向关系的曲线，服务能力随着保险价格提升而提升，在边际收益递减的规律下，该曲线形成了凸性特征。在技术边界线上，所有点都代表了保险业既定零售价格能给予的最高服务水平，在边界线上的都是行业中的领导者企业，而没有达到技术前沿的众多企业都处于边界线下的可行集内。在传统商业时代，无差异效用曲线是一条直线，表示消费者能够接受价格和服务的替代变化，如图 4-2 中的技术边界线 1 和无差异效用曲线 1 所示。如今，居民消费需求迅速升级，新零售保险的发展逐步提高了消费者的期望，保险公司的零售价格和服务能力也随之提升，上移到对应的位置，如图 4-2 中的技术边界线 2 和无差异效用曲线 2，并在 B 点达到新零售时代的最优价格服务组合。由此可见，未来保险产品的零售价格适度提高的同时，保险服务能力应与之匹配，同向提升，这样才

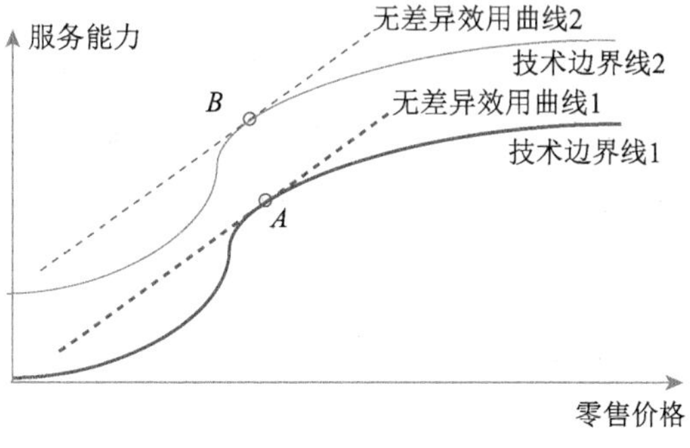

图 4-2　新零售轮转逻辑 1

能满足消费者的个性化需求。

三、“新零售之轮”理论下的保险业演化路径

（一）传统保险业重新洗牌

新零售时代下，传统保险业依靠前期客户的积累和区位选址已经难以建立稳固的竞争优势，互联网保险公司通过线上平台互动可以轻松对其实施降维打击，并借助清晰的产品比较平台引导线下客群在线上完成购买，从而使传统保险公司失去竞争优势。同时，传统保险公司的营销管理较为单一，管理机制不够灵活，且其门店辐射的时间和空间受到限制，无法与线上业态分庭抗礼，导致顾客流失。另外，传统保险公司的门店运营需要庞大的资金成本，店铺租金成本相对过高，给中小保险公司带来了较大经营成本，因此，越来越多的新产品和保险公司选择线上渠道作为创业平台。线上商业的蓬勃发展，进一步挤占了传统保险公司的市场份额。

一直以来，我国保险公司处于粗放式发展模式，依托于简单的保险营销与机构网点的服务设施提供零售服务，越来越多的保险公司以市场份额为指标，只注重保费的收入，而忽视了保险产品自身的特点，导致保险经营脱离保险的本质。这也造成了各保险公司之间竞争加剧。同时，由于保险行业的利润空间单薄，行业竞争更多倾向于供给侧成本竞争，即以价格战为主导，导致服务提升机制缺失。此外，电子商务的发展对传统保险公司也造成了降维式的打击，促使保险产品与服务的利润结构开始回归本质，即保险公司在注重保险营销的同时，开始强调“保险姓保”的理念以及保险的保障作用。

（二）保险产品线上营销遭遇“瓶颈”

电子商务的发展突破了传统行业必须依托于实体门店办公的经营模式。首先，线上商业通过虚拟化业态与方式实施经营，省去了开设线下门店的租金、物料和人力成本，同时还扩大了产品的辐射能力，使经营不再

受时间和空间的限制。其次，在条件允许的情况下，线上商业的市场能覆盖全国，甚至全世界，而且它借助完全平台化的管理解决了实体商业经营时代的信息化问题。最后，从行业整体来看，线上商业通过互联网的自由信息流通消除了部分实体商业时代的中间流通环节，节省了成本，使线上网销价格在很长一段时间内保留了优势，从而造就了网购消费早期的井喷式增长。

但是，随着虚拟经济的快速发展和竞争的加剧，越来越多的保险公司开始铺设线上渠道，竞争态势进一步加剧，导致线上获客成本越来越高，利润空间越来越小。因此，保险公司必须根据保险行业的特定行业属性在电商领域重新创业，建立新电商平台，满足综合虚拟商业下不能满足的精细化需求。

此外，消费者在经历过线上购物的探索期和新鲜感后，购买冲动逐步转为理性，而且由于线上购物不能实际接触到产品与服务，无法深入体验和尝试，也没有一对一的顾问进行详细解说，虚拟的营销方式不足以说服消费者做出购买决策，对于复杂的保险产品更是如此。这形成了虚拟经济的发展边界，导致虚拟网购的消费者体验发展陷入停滞。于是，结合了线上商业和实体商业优势的保险新零售迎来了变革机会。

（三）技术创新迎来保险变革

实体商业在电子商务的冲击下经历了多年的萧条期，但随着市场的饱和和获客成本的增加，虚拟经济的增长逐步放缓，行业竞争开始走向趋同性，原先的超额利润开始消失，于是“新零售之轮”开始发挥作用，新的技术和商业模式开始产生。具体来说，在以消费者为中心的驱动下，传统渠道和线上渠道开始融合，产生了全渠道的新零售模式。这种新模式依托于移动互联网，通过整合渠道之间的协同效应，使传统零售突破了时间与空间的制约，也使虚拟渠道改善了复合体验价值；通过移动支付、社交媒体、促销场景形成的互动效应，加强了消费者与新零售商业业态的黏性。另外,在大数据、云计算、人工智能等信息科技的支持下,线上和线下渠道的信息大数据成为保险业的重要资源,提高了不同保险业的差异化竞争优势,开创了新的竞争格局与利润结构。加之,新零售时代的技术创新是持续性的,因此,保险业商业形态变革也进入了新周期。

首先,从服务能力提升视角来看,信息科技创新的演化,将持续优化企业与消费者的交互关系,提高产业价值链中各企业的合作紧密性,并通过大数据协同创造新的购物场景和服务功能,提高了消费的高效性和便利性。于是,技术边界线发生了上移,与新的无差异效用曲线相切,在新的切点 B 上,最优服务能力远高于原先水平,该点也呈现了更高的效用水平,具体如图 4-3 所示。

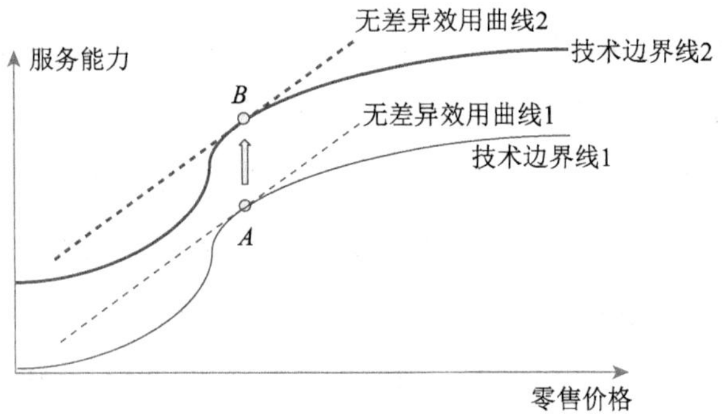

图 4-3　新零售轮转逻辑 2

其次,在消费升级的作用下,消费者的潜在消费能力增强,消费诉求转向多元化,催生了高价格、高服务的新商业形态。这种以经营高端品牌为主的商业模式以新消费主力、城市中产阶层为主要客群,并为客户提供优质的高端服务。于是,技术边界线向上移动,即技术边界线 1 上移到技术边界线 2 的位置。在技术边界线的变动下,最优价格和最优服务的 B 点都比原来的 A 点高,满足高价格、高服务的市场需求,如图 4-4 所示。

最后,从智能科技的视角来看,由于高度标准化产品可以通过智能技

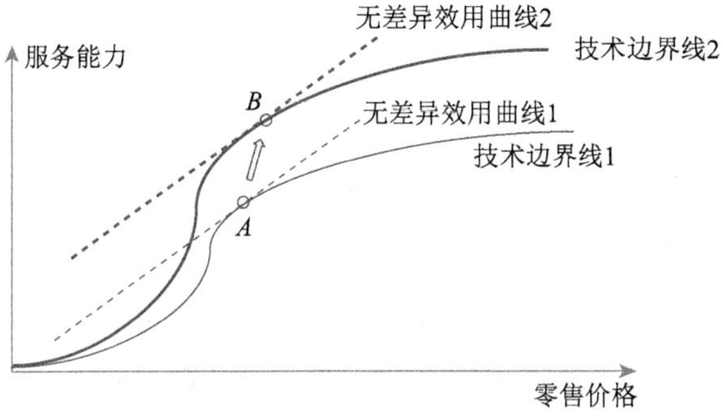

图 4-4　新零售轮转逻辑 3

术来管理，实体商业可以采用自助结账的方式节省人力成本，线上渠道可以采用智能客服机器人为顾客答疑解惑，同样节省了人力投入。于是，省去人力开支、以智能科技取代人力劳动以及无人化商业模式将成为新零售的发展常态。在成本结构的调整作用下，新零售模式的销售成本大幅降低，打开了价格的下降空间。从模型上来看，技术边界线 1 的下端部分向上移动，在新的最优点 B 上，服务能力保持不变，但是零售价格开始下降，消费者效应得到了提升。这说明无人模式的新商业得到了市场的认可，消费者通过自助模式可以低价买到产品或服务，得到了更高的效应，具体如图 4-5 所示。

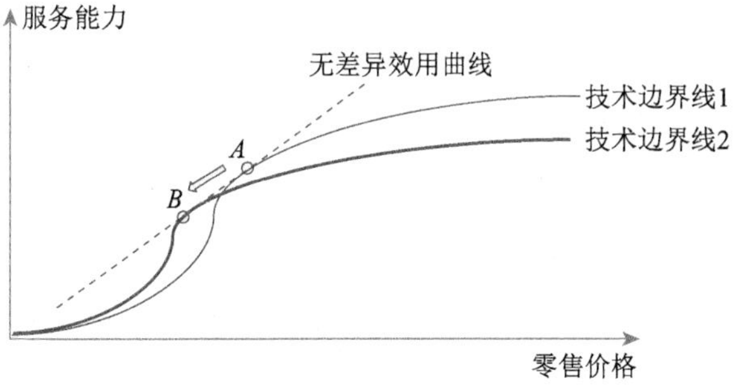

图 4-5　新零售轮转逻辑 4

（四）新零售竞争加剧保险业的新变革

技术创新拓宽了行业技术边界，并进一步催生了新的保险商业形态，保险业从现有同质化利润结构中突破，成为技术边界线上的领先企业。在产业竞争的驱使下，其他企业若留在技术边界可行集的下方区域，将会陷入竞争劣势，而且随着领先企业的发展范式进入稳健升级期，落后企业将会面临更大的危机，甚至逐步丧失市场份额。因此，出于市场生存与竞争的需要，其他企业会模仿领先企业的经营模式，从而与领先企业一起分享新零售时代下的超额利润。新技术的出现将会建立保险业创新变革的基础，并重新创造新竞争优势。

第二节　产业价值链整合理论

一、产业价值链整合的含义

根据微笑曲线理论，企业通过对产业价值链的延伸和扩张，整合现有链条中的分工业务，以提升企业的附加值。图 4-6 是微笑理论示意图，横坐标代表了整条产业价值链的所有环节，纵坐标代表了产业附加值。以制造业为例，其产业价值链的两端分别是研发设计和品牌营销，这两部分的产业附加值较高，企业利润也高，而中间生产制造环节的附加值较低。因此，保险业价值链中的企业应当向微笑曲线的两端进发，逐步改变其在产业价值链中的分工和地位，提高企业的利润水平。

当保险业发展到一定阶段，行业进入门槛开始降低，行业技术水平开始普遍化，企业平均利润水平开始趋同，一批微笑曲线中间的微利企业开始出现。这些微利企业的产业附加值较低，获利潜力不高，需要通过转型升级向微笑曲线的两端移动，获得产业价值链中的高附加值。具体而言，微利企业可以进行产业价值链拓宽，通过扩大保险市场规模发挥规模经

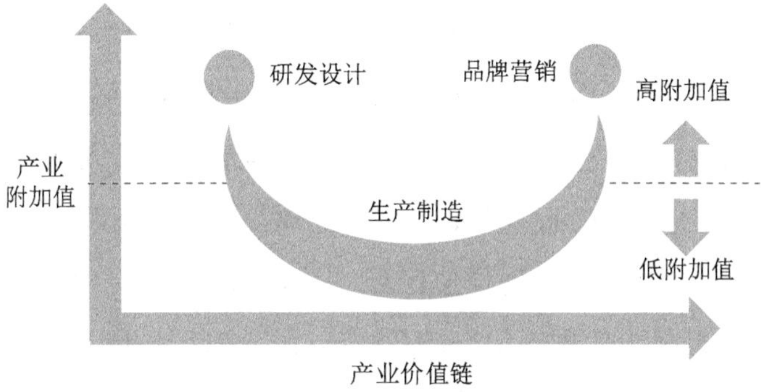

图 4-6 微笑曲线理论示意图

济效益，或者借助整合纵向一体化延伸到产业上游或者下游，也就是微笑曲线两端的价值链环节。只有这样，企业才能占据微笑曲线的高附加值位置，获得保险业的超额利润。

二、产业价值链整合的逻辑机制

(一) 横向扩张策略

在新零售时代下，保险机构出于迅速转型和提升综合实力的目的，通过并购扩大自身的横向规模，并凭借其综合资金实力来发展信息科技，以弥补其在新零售时代下的短板问题，迅速适应市场竞争的需要。保险业作为金融业重要的支柱之一，其经营模式和传统行业区别较大，没有库存和采购环节，销售渠道更多是由人力团队推动，由营销员和消费者直接对接，服务具有复杂性。尤其是保险产业价值链中的外包性服务后端，如核保、理赔、查勘、售后等，若在同一个地区市场进行横向产业价值链整合将有助于提升其市场份额，瓜分现有的服务需求市场，并通过规模经济和行业标准化提高其他新兴企业的进入门槛。因此，信息科技的发展将加大地区保险机构的横向并购，保险公司为了获得更高市场份额，可以通过横向产业价值链的整合快速占有市场，在新机遇下迅速占得先机。

（二）纵向延伸策略

根据“微笑曲线”理论，企业有动机将其产业分工和经济活动向高附加值区域发展，而不会长期停留于“微笑曲线”的中间。同时，在经济与技术发展的共同作用下，企业会在外部环境机遇下将企业边界延伸到研发和营销领域。对于保险行业来说，审核、公估、理赔等不具有核心技术的第三方服务型企业处于低附加值区域，保险公司必须向营销与研发领域延伸，营销端有保险代理经纪、理财服务、网络平台等，研发端则需要保险公司积累大量的数据，开发设计出适合消费者需求的保险产品。

此外，保险行业也能通过纵向一体化方式延伸价值链，朝“微笑曲线”的两端进发，获得更高的附加值。比如，保险公司可以通过设立资产管理公司延伸其资金管理后端，从而减少交易成本，推动新市场的发展。在新零售时代下，大数据、云计算、区块链等信息科技的发展促进了信息共享，使产业价值链中各企业的上下游关系模糊化，保险公司借助互联网平台的整合功能，将企业与消费者实现了对接，消除了信息传输的壁垒。以众多互联网金融平台为例，这些平台本身并不需要研发金融产品，它们只需要和银行、保险公司、基金公司合作，就能很好地整合市场中的金融理财产品，并借助平台积累的庞大用户流量，通过平台一站式金融服务实现流量变现，从而实现对传统保险公司的降维式打击。

三、保险产业价值链整合的实践路径

在新零售时代下，保险产业价值链整合的目的是让保险公司所负责的业务领域更广泛、更直接，将企业价值链活动范围向后扩展到供应源或向前扩展到最终产品的消费者，从而让目标企业获得财务收益。产业价值链整合涵盖了企业的基本活动、技术活动和资源互补。但是，保险业的运作方式和制造业差别较大，其技术活动并非研发与制造工艺的创新，而是产品设计、精算模型和设计方案的创新。因此，下文将考察保险产业价值链整合的战略性、技术性和渗透性路径。

（一）保险内部产业价值链整合路径

1. 双渠道整合战略

双渠道整合战略的实施必须提前调整公司内部的职能部门、业务部门和战略管理层，以提升投资者与企业的目标协同性，实现竞争优势的互补。对于保险行业来说，线下的渠道资源是其最重要的竞争优势，主要包括团队、选址和产业价值链等优势，而线上渠道的优势在于其拥有的系统平台、大数据和虚拟服务。线上线下这两类资源必须相互协同，才能有助于推动产业价值链的传递和再造，盘活数据资源的多渠道利用，彻底消灭过剩资源，提升销售转化率。同时，在线上和线下目标的产业价值链整合下，双渠道资源能够随时转化和灵活调整，增强消费者跨渠道体验的流畅感，彻底满足即时性需求和无缝衔接。

2. 科技赋能战略

科技赋能战略是指互联网企业将成熟的信息科技分享给保险公司，使保险公司的营销、运营依托于互联网大数据，以增强其信息处理能力。例如，保险公司可以利用消费者的消费记录来构建投保人档案。这种投保人档案信息由消费者“千人千面”的身份特征、购物记录和消费习惯等数据组成，其数据维度的丰富程度将远超传统实体零售的市场调研数据。保险公司借助这些投保人档案信息可以生成消费者画像，再根据消费者画像不断优化产品的设计、定价和营销环节。

（二）保险外部产业价值链整合路径

保险公司通过引入外部战略投资，可以补充延伸产业价值链的前端和后端环节。这类整合外部产业价值链的过程称为产业价值链延伸。产业价值链延伸是指各机构基于相互协作的合作关系，以投保人为中心，共同为终端投保人、被保险人提供服务。从管理视角来看，产业价值链延伸的路径类似于一种纵向一体化的管理结构模型。不过，线上商业和线下商业的联盟合作目标并非一体化，而是以产品为中心，将产业链的上游和下游环节整合到可以自主控制的范畴，从而实现价值传递的“零摩擦”，以有利于产业价值链环节遵循同一个战略目标。保险产业价值链的延伸主要体现在保险业的上游设计端和下游营销端的服务延伸。在现代化的商业竞争环境中,保险业的竞争将转化为产业价值链的竞争,产业价值链体系的重构与整合不但可以促进保险业整体服务性能的高质量、灵活性和统一性,也能增强单个保险公司的竞争力。如今,互联网商业模式已经非常成熟,线上和线下渠道也从竞争关系转变为竞合关系,产业价值链延伸的诉求加速了渠道边界的破裂,线上和线下渠道资源的相互依赖性越来越强。

线上和线下渠道的纵向产业价值链延伸路径主要有以下五条:第一,保险公司以投保人为中心,根据“千人千面”的大数据信息,有效识别目标市场的需求现状与趋势,优化渠道的精准营销;第二,保险公司借助云计算来计算线上和线下实体渠道的需求趋势,优化保险产品的设计、定价、营销和服务,构建高周转的产业价值链;第三,保险公司借助线上和线下渠道的用户大数据,开展线上精准营销,形成线上与线下的良性互动,提升投保人的忠诚度;第四,保险公司发挥线上渠道和线下渠道的流通协同效应,高效解决投保人的跨渠道需求;第五,在由线上和线下渠道组成的新产业价值链结构中,保险公司借助人工智能、物联网等信息科技优化服务质量和服务性能,为投保人提供全渠道的无缝体验。

第三节　商业模式轨道演进理论

一、商业模式轨道的含义

过去的研究文献对“商业模式”这一术语没有统一的定义,不同定义表述的核心内容与内容范围也都存在较大的差异。不过,大多数学者在

"商业模式"定义中都反映了企业的价值主张、收入来源、外界资源和利益相关方的管理。因此，商业模式是以相互依存的结构、活动和过程来完成价值创造和价值传递的系统。商业模式代表了企业独特的价值创造和价值传递的逻辑，比如，商业模式能够表明企业是如何通过产品研发或是灵活定价来创造价值的，以及企业如何通过完善研发管理和管理结构来降低机会成本或财务杠杆。商业模式的一个核心内容是基于结构、活动和流程的相互依存关系，将其转换成一个整合的集成系统。一个好的商业模式不仅明确了收入来源、成本结构、资源组成和业态类型，更重要的是明确了如何将这些要素进行有效整合。整合指的是将商业模式各要素组合起来，形成一个有价值、有效率的整体，使得整体商业模式不再简单地是部分要素资源的加总。如果这些商业模式元素相互依赖性很高，则反映了它们之间的高度互补性或协同性，那么商业模式在实现其目标方面可能更具有凝聚力。研究还发现，生产系统中的多个互补性生产要素的组合能够提高系统整体的经济价值，而在没有资源互补性特征的商业模式中，如果没有能够产生资源之间的协同效应，那么，该商业模式失败的风险会大大增加。总之，商业模式中要素的协同效应是其成功实现的关键。

本书认为，商业模式轨道是商业模式由资源相互依存并产生协同效应的运营模式和盈利模式要素所构成的轨道，该模式轨道中包含了商业模式的业态类型、价值创造和价值传递的成长轨迹。

二、商业模式轨道的逻辑机制

商业模式轨道上的成长轨迹代表了商业模式的不断创新，但这种创新是建立在现有商业模式的基础之上的。商业模式轨道具有连续性和累积性特征，商业模式轨道内不同商业模式的要素不同，导致其成长路径存在差异，也导致商业模式轨道呈现出排他性。具体来说，若在多种可选的商业模式中，有一种商业模式取得相对优势，该模式将被企业所认可，并逐步被完善与强化，最终成为行业的主导模式。由此可见，商业模式轨道中暗含了演进与变迁，一旦产业出现了全新的商业模式轨道，新兴企业就开始进入产业内的分工集群，并逐渐从产业边缘渗透到产业内部，逐步侵蚀或颠覆传统的主流商业模式。

商业模式轨道的存在促使创新企业沿着确定性的商业模式轨道逐步演化，使轨道内的企业符合一种顺延性与渐进性的商业模式创新。一旦市场中出现商业模式的跃轨创新，原有的商业模式将被破坏，市场中将产生全新的商业模式轨道，企业也必须转换商业模式的创新路径。

因此，商业模式轨道的重要意义在于，新商业模式轨道的出现将产生全新的创新路径，为企业的转型带来重要机遇，也将侵蚀并颠覆原有的商业模式轨道。这个理论将解释与预测保险业的未来演变，因为新零售在极大程度上改变了传统保险业的发展范式，保险业将改变其电商时代下的商业模式轨道，跟随新零售的业态类型、价值创造和价值传递。也就是说，新零售模式的出现将打破保险业面对线上化冲击的无力局面，为保险业带来全新的商业模式轨道。

三、基于商业模式轨道的保险业新零售创新路径

在商业模式轨道的视角下，我们从业态价值、价值创造和价值传递的角度来分析传统保险、互联网保险与保险新零售的路径差异性。进一步地，我们将价值创造分为关键活动与伙伴网络两部分。其中，关键活动描述了保险公司创造价值所必须建立的组织结构职能，伙伴网络描述了保险公司的关系合作网。将价值传递分为价值链模型与收入模型两部分，其中，价值链模型描述了保险业如何为商品提供附加价值，收入模型描述了保险业从哪些途径获得收入。保险业的商业模式轨道如表4-1所示。

表 4-1　保险业的商业模式轨道

保险业类型		保险新零售（2017 年至今）	互联网保险（2005—2016 年）	传统保险（1980—2004 年）
商业模式		新零售流量平台的线上＋线下＋跨界＋场景营销	自营式/双边平台的电商模式	营销员推动的实体商业
业态价值	价值提供	1. 整合自营式与双边平台的保险供应方式； 2. 提供全渠道解决方案； 3. 提供沉浸式购物体验＋线下、线上协同的功能服务； 4. 提供跨界场景服务； 5. 根据价格层次、市场定位、产品品类建立差异化市场定位的保险业格局	1. 自营式保险网站为消费者提供保险； 2. 双边平台是保险企业与消费者之间交易平台； 3. 为消费者提供多层次、多种类的商品； 4. 为消费者提供线上沉浸式浏览体验以及全面的网站功能，如互动、比价、搜索等； 5. 通过网站信息化为消费者提供流畅的售后服务	1. 保险公司雇佣营销员为消费者推销保险，主要方法有线下地推、上门拜访、电话销售； 2. 保险营销员代表了公司品牌形象； 3. 同类产品种类单一； 4. 产品线逐步完善，提供海外常见的人身和财产保险产品
价值创造	关键活动	平台赋能、全渠道信息整合、大数据营销、跨界场景渠道、精准推荐广告、智能保险咨询、智能理赔通道	网站运营、商家服务、用户档案管理、用户交互、金融产品索引、交易平台、第三方支付、网络营销、在线合同、平台技术、售后增值服务、在线理赔受理	产品设计、保险营销、承保流程、保险理赔、售后服务、资金运转和技术支持
	伙伴网络	大数据供应商、新零售全渠道信息服务商、市场咨询公司、信息科技公司	技术供应商、网络营销供应商、市场咨询公司、电子商务平台、服务外包公司、平台技术开发商	保险公司、代理经纪公司、广告公司、市场咨询公司、汽车销售服务 4S 店、银行

（续表）

<table>
<tr><th colspan="2">保险业类型</th><th>保险新零售（2017 年至今）</th><th>互联网保险（2005—2016 年）</th><th>传统保险（1980—2004 年）</th></tr>
<tr><td rowspan="2">价值传递</td><td>价值链模型</td><td>借助新零售视角的全渠道化和智能服务，为用户提供跨渠道无缝营销和服务体验，并借助售后服务提供增值价值</td><td>通过网络购物的平台技术服务，以搜索服务、售后服务、咨询服务提供在线购买保险的增值价值，通过线上平台完成保险营销和售后的关键环节</td><td>保险公司通过营销员和代理机构实施人海战术和网点战术，由专业人员为客户提供增值服务</td></tr>
<tr><td>收入模型</td><td>大数据流量收益、精准推荐服务收入、场景化渠道收入、智能定价超额收益等</td><td>平台代理佣金、网络店铺服务收入、平台增值服务收入、广告收入、沉淀资金利息等</td><td>保险代理佣金、保费收入、销售额分成、投资收益、赔付差额等</td></tr>
</table>

（一）业态价值

在过去，传统保险业所能提供的业态价值较少，大多数保险企业以粗放式的保费扩张作为发展战略。这也决定了保险产业价值链中的企业也是以规模扩张作为主要发展策略，众多保险企业的商业业态也是“千店一面”，尽管不同保险公司的名字不一样，但是其提供的保险产品别无二致，不能满足消费者的个性化需要。当时，国内的保险公司数量不多，2004 年年末我国保险机构数量仅有 68 家。其中，只有少数优质保险公司会提供良好的附加服务，如中国平安为消费者提供人员导购、办理会员卡等服务。在这个时期，消费者与保险公司的接触是通过营销员完成的，营销员的服务水准和礼仪形象呈现了保险消费的终端业态，因此，保险公司对保险营销员的培训也是对业态价值的塑造。但是，当时我国保险业由于过度注重规模扩张，市场上出现了大量营销员误导消费者的行业乱象，消费者权益得不到保障，造成了保险业态价值缺失。

2005 年，随着《中华人民共和国电子签名法》的顺利颁布，我国进入了电商保险业时代，线上渠道的出现使保险业的业态价值得到了显著提高。线上渠道由于缺乏市场营销的主动性地位，它暂时未对保费增长起到明显的促进作用。但是，网络渠道的咨询功能使线上预约与见面签单的销售方式成为常态，保险价格逐步透明化，从而导致价格战横行。营销员、代理机构、网络营销等渠道进入同一位面竞争，顾客体验开始得到重视。于是，线上平台开始主张便捷性、沉浸性、社交性等购物体验，以更优质的保险咨询和售后服务积累顾客黏性。

2016年年末，阿里研究院正式提出新零售的发展构想，新零售模式通过大数据协调线上与线下渠道的商品、定价、促销等，对各行各业都造成了颠覆式的变革，保险业开始进入场景化营销时代，呈现出“千店千面”的业态。

（二）价值创造

早期保险业的价值创造活动较为简单，伙伴网络也是借鉴海外成熟的保险产业链，由于保险公司的数量不多，且彼此之间竞争缺乏，保险公司的垄断议价能力较强。早期的保险产业价值链都是在保险公司内部，第三方服务机构刚刚开始萌芽，其价值创造方式还是以增加保险公司本身职能为中心，缺乏为顾客创造的额外价值。

随着电子商务的迅速崛起，保险业的竞争压力逐渐加大，不得不跟入网络市场营销时代，主要包括网站运营、商家服务、用户交互、交易平台、网络营销、在线合同、平台技术等。伙伴网络的信息产业公司增多，如平台技术开发商、网络营销供应商等。同时，随着保险第三方服务产业的兴起，保险公司开始将部分非核心业务外包给外部企业。

如今，保险业的新零售实现路径在于智能化、整合管理保险业价值创造的过程，包括平台赋能、全渠道信息整合、大数据营销、跨界场景渠道、精准营销、智能保险咨询、智能理赔通道等，进一步加深保险业与信息科技企业的合作。

（三）价值传递的价值链模型

传统保险业的价值完全由人员服务来传递，消费者的满意度来源于营销人员的服务能力与服务态度。虽然，保险公司对一线员工进行专业化的培训，但仍然缺乏统一性、标准型和规范性。

在电商时代下，电商平台信息系统服务部分替代了人力服务，保险业的服务传递可以通过电脑屏幕进行，对服务的要求基本由互联网信息系统的功能来完成，培训后的人员只提供少量个性化的咨询服务与售后服务。由于较多标准化的问题可以通过电商网站的自助服务来解决，并且人员服务仅仅通过键盘打字即可完成。这大大降低了人员服务的负担和压力，保险业的价值传递得到了显著提升。

在新零售环境下，新兴保险公司将以顾客为中心，为其提供线上与线下协调的全渠道服务。个性化服务需要智能技术的支持，如精准推荐、用户画像、偏好分析等，将保险业态与保险服务精确到消费者的需求场景，全面为消费者提供价值服务。

（四）价值传递的收入模型

早期保险业的盈利模式与传统零售业基本无异，保险业主要以利差、死差和费差作为盈利来源，保险营销员和中介机构通过代理佣金获得收入，第三方服务机构通过与保险公司签订合作合同获得收入。

随着电商经济的发展，双边平台主要是通过销售分成、租金、加盟费等获取收入。在电商时代下，电商平台聚集了大量的人流量，这是保险营销最为核心的资源，使得保险平台的收入来源变得多样化。一方面，平台为保险公司提供了大量的潜在客户，另一方面，平台为保险公司提供网络营销服务以获得增值服务收入和广告收入，如搜索置顶、大数据服务、客户分析、店铺装修、营销活动等。

到了新零售时代，保险业的全渠道发展引导市场重回以顾客黏性为主的局面，顾客也愿意为更优质的服务支出更多的金额，保险公司除了对线上商家收费以外，还能通过场景化服务、会员充值获得更多的收入来源。例如，保险公司可以通过 App 延伸到为客户资产增值的产业价值链，为客户提供金融理财服务，并获得一定的服务性收入。

第四节　颠覆式创新理论

一、颠覆式创新的含义

颠覆式创新是指人们针对现有市场开发出更优解决方案的过程。颠覆式创新和传统创新的理念不同，它并非基于现有模式的渐进性创新，而是彻底重新更迭和定义现有的商业模式。不过，颠覆式创新并非颠覆式创新者取代现有企业，部分具有独特竞争优势的企业仍然可以生存在市场中。比如，具有专属自有品牌或供应链的高端零售企业仍然可以服务于价格不敏感的客户群体。综合以往文献中的定义，作者认为，在新零售时代，颠覆式创新是一种针对现有市场重新开发的创新范式，即企业通过引入信息科技和新零售商业理念，为市场空白区域提供具有创新价值的产品和服务，并逐步构建新的商业范式或竞争规则。

二、颠覆式创新的逻辑机制

根据克莱顿·克里斯坦森（Clayton Christensen）的定义，颠覆式创新根据市场侵入方式可以分为两类模式，即低端颠覆模式和新市场颠覆模式。颠覆式创新的逻辑机理如图 4-7 所示。

（一）低端颠覆模式

在现有的保险产业价值链内，存在部分不具有可观盈利性的低端保险市场，如旅游保险、延误保险、相互保险等。这类保险产品的保费较低，而且其业务的开展同样需要一定规模的服务供给支撑，因此，其潜在利润总额不足以吸引市场内领先的保险公司，只能吸引新创业者进入这类细分市场。比如，近年来网络上热门的保险模式——相互保，它是根据低端

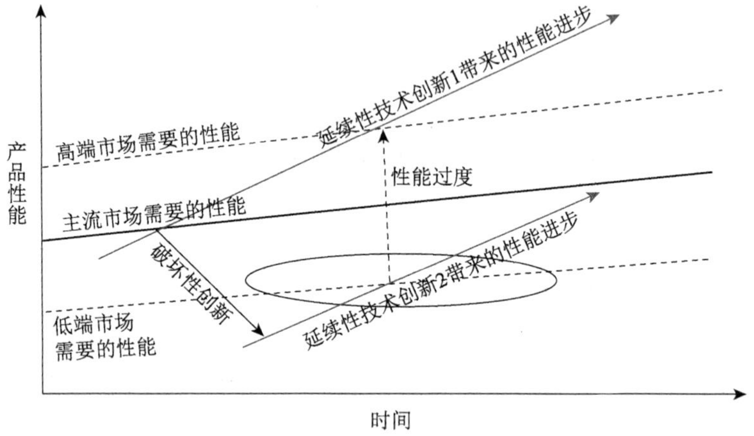

图 4-7　颠覆式创新的逻辑机理

消费者小额、量大的互助需求，去除商业保险中不必要的额度和保障部分，通过互联网运营压缩销售成本，并将部分价值让渡给消费者，从而让消费者得到更高的满意度。

（二）新市场颠覆模式

新市场颠覆模式是指企业通过产业价值链创新，将传统保险产业价值链外的消费市场重新整合，将其引入新的产业价值链中，使其成为新的保险消费市场。与低端颠覆模式类似，新市场颠覆者也未直接进入主流市场与在位保险公司发生竞争，而是重新开发尚未被满足的消费市场。因为原有保险产业价值链内的市场供给能力不足，无法满足所有人的需要，所以颠覆者通过采用创新产品或服务吸引产业价值链外的消费者。同时，随着新市场颠覆者的不断发展，在位保险公司的客户（需求未被现有保险公司满足）也会从原价值网络转向新价值网络。

三、新零售驱动下颠覆式创新的路径

新零售开创了全新的商业范式，通过大数据、精准推荐和场景化渠道等方式，深度挖掘市场供给空白和未被满足的需求，通过新业态构筑新价值环节，将市场从传统产业价值链转移到新产业价值链。在颠覆式创新视角下，商业模式的更迭是动态的，各个商业模式要素之间相互联系，这是产业价值链活动显著改进的系统工程，通过产业价值链再造来颠覆竞争规则，开创新的商业生态。具体可以从以下路径来实现。

（一）价值主张重构

价值主张代表了企业通过产品或服务给市场提供的价值，价值主张决定了企业的差异化定位，而差异化定位又决定了企业会选择满足哪个细分市场的特定诉求。毫无疑问，颠覆式创新本身的目的就是为市场空白区域提供具有创新价值的产品和服务，因此，独特于以往企业的差异化价值主张是实施颠覆式创新的先决条件。在选择价值主张后，更有利于企业整合关键资源以实现商业模式创新。

首先，保险业的价值主张重构需要剖析保险市场结构，将产业价值链中的低端市场或新细分市场作为突破口，通过新零售范式建立市场开拓的可行方案，并制定实施路径计划；其次，随着消费升级的推进，消费者对个性化价值的效用期望逐步提高，消费者的市场需求成为产业价值链转型的驱动力，传统营销供应链将从推式驱动转变为拉式驱动。消费者通过大数据和互动共创主动表达需求，保险机构借助大数据共享分析市场的保险需求和多元化的细分市场群体，并通过金融平台实现和消费者的无缝衔接，通过这种方式，保险行业可以挖掘未满足或者未完全满足的需求，以建立颠覆式创新的价值主张。

以美国保险经纪平台 Embroker 为例。美国的保险科技发展早于我国，2016 年，美国财产险和健康险市场的科技化转型虽然已经较为成熟，但是中小企业保险的科技化诉求没有得到满足。企业保险市场具有分散化、潜力大、高利润、高复杂性、低透明度的特点，一般情况下，美国中小企业平均每年会购买 100 万美元左右的保险，但是每年都要付诸烦琐的人工程序来检查保险，导致中小企业保险市场的忠诚度低下。针对这个未完全被满足的保险市场，Embroker 借助云端风险和保险管理系统为企业提供定制化的服务，这套系统整合了现有市场内所有的企业保险产品，为中小企业提供了比对、分析、云端保存、购买等渠道服务，并简化了购买流程。可以看出，Embroker 的价值主张满足了中小企业或初创企业智能化、透明化、多样性、便捷性的保险购买诉求，致力于消除中小企业购买商业保险的渠道障碍，而这部分市场正是大型保险公司所忽略的。

（二）价值创造重构

价值创造是指企业为完成价值主张所提供的内部业务流程和人力组织结构。价值创造重构也是企业通过内部管理开展颠覆式商业模式创新的先决条件之一。新零售对消费场景、库存协同、数据管理和物流服务的整合，驱动了流通供应链的变革，供应链商业模式开始发生转型升级，供应链结构逐步迭代更新，最终重构为新零售背景下的新供应链，这将会是新零售生态的一种供应链生态平台。此时，新供应链与新零售彼此共生，共同以消费者为中心，以大数据为联结纽带，实现供应链数字化、协同化、共享化。

如图 4-8 所示，在新供应链商业模式中，供应链将整合云计算、物联网、大数据、人工智能、区块链等必要技术资源，构成一个由消费者、生产

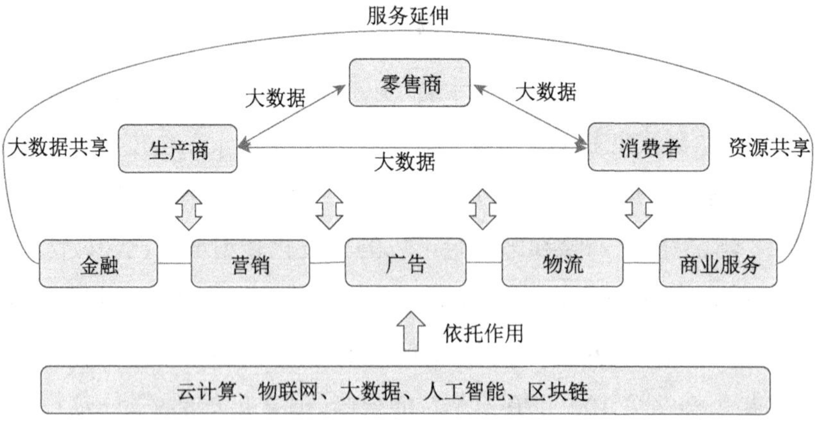

图 4-8　新零售驱动下的供应链重构

商、零售商组成的服务网络，实现高效的虚拟流通与现实流通。其中，虚拟流通有资金流、信息流、数据流、服务流和技术流；现实流通有商流和物流。供应链作为三方的联结纽带，将对线上和线下协同起到资源协调的作用，也是稳定生态网络的根本存在。新供应链将在数字化、柔性化、扁平化、共享化和生态化上具备不可替代性，它通过技术传导，将新零售技术赋能给实体零售门店，同时将线下商流引渡到 O2O 平台与网店，构筑全方位的全渠道零售生态，消除所有不必要的环节，实现降本增效。

对于保险行业来说，其价值主张决定了保险公司要为产业价值链中消费者的需求服务，而价值创造重构是指保险公司要重新配置技术、人力、资金等内部资源来实现商业供给，通过重组建立企业满足价值主张的核心能力和竞争优势，以便与市场中的在位企业抗衡。因此，价值创造重构即业务流程再造和人力组织重新布局的过程，从而建立新的运作方式，通过新商业模式形态实现差异化的组织商业功能。

1. 内部业务流程重构

Neos Ventures 是一家以家庭保险为主营保险业务的新风险投资保险公司，该公司将智能科技和家庭保险相结合，通过事前预测来规避风险，颠覆了传统保险事后赔偿的商业运作模式。Neos Ventures 会在每位客户家中安装高清摄像机、运动传感器、烟雾探测器、门接触器和滴水传感器，通过一系列物联网设备应用主动保护客户，消除火灾、水灾和盗窃风险。这部分智能监测设备一旦监测到煤气泄漏或火灾等危险信号，会立即通知客户，帮助客户主动采取合理措施并减少损失。Neos Ventures 的业务内容不仅包括保险业务，还有智能家居 App 和电话服务，它不断发展预警技术，主动为客户防范风险，颠覆了传统保险事后赔偿的模式，并便捷化了赔偿认定流程。同时，在广大客户家中的智能设备大数据支持下，Neos Ventures 进一步挖掘客户的潜在需求，以便持续性地创新其商业运作模式。

2. 人力组织结构重构

Lemonade 是一家以财产和意外伤亡为主营保险业务的互联网保险公司。随着互联网经济的迅猛发展,美国本土传统保险公司的商业模式显得僵化且效率低下。该公司雇用了规模庞大的雇员群体和中介机构,产业价值链条过长,组织结构过于臃肿,导致消费者的赔付问题越来越难解决。Lemonade 用智能机器人代替传统人工客服,机器人能在 90 秒内为咨询者提供保单协议签订和支付服务,整个流程都是智能化的,效率较高。在理赔时,智能系统通过人脸识别和赔付资料即可审核理赔申请,3 分钟即能完成出险赔付,从而简化了传统保险冗长的组织人力结构。

(三) 价值传递优化

价值传递系统建立在价值创造体系之上,是基于新零售体系下的保险产业价值链重构。价值传递是指企业将产品或服务的价值通过产业价值链网络传递到最终消费者手中。保险业的价值传递优化是指保险机构通过新职能分工、纵向一体化、保险平台化等方式延伸产业价值链,为最终消费者提供独特的体验价值,尤其在拓宽销售场景、布局全渠道营销、定制化服务等方面,构筑多层次、复合型价值体系,借助信息科技打通保险公司与最终消费者之间的通道,减少中间环节的价值损耗,建立共创共赢的保险合作联盟,全面整合和改善价值传递网络。

The Zebra 是一家成立于 2012 年的美国互联网车险比价平台公司,其主营业务是汽车保险的比价,即通过信息整合为消费者提供在线比价和车险咨询服务。The Zebra 为客户提供了优质的平台使用服务,用户只要提供邮政编码和车辆信息,就能获得一个较为清晰的车险保费报价。随着用户相关信息的完善,如年龄、性别、交通罚单记录、家庭成员、房产信息、家庭住址、驾驶里程、用车方式等,其报价结果会更加精准。值得注意的是,The Zebra 整合了规模庞大的汽车保险公司,与其合作的保险公司达到 200 家以上、汽车保险产品达到 1 800 款以上。该公司凭借庞大的信息数据，通过机器计算选取最优的保险进行精准推荐，平均能为每位客户每年节省 368 美元的保费开支。

The Zebra 进一步针对汽车保险的相关问题为客户提供咨询服务，通过梳理常见的车险问题，帮助客户普及汽车保险的关键知识，解答关于保险费用、驾驶历史、保险品牌等方面的问题。对于机器无法回答的部分特殊问题，客户还可以拨打专门热线向客户经理提问，并得到 100%的回答响应。因此，在车险产业价值链的营销领域，The Zebra 在与广大车险供应商合作的基础上，通过整合车险比价信息传递保险产品的价值链，并通过资讯服务延展价值传递链条，为用户的个性化需求提供定制化解决方案，以建立客户黏性。

（四）价值获取改进

价值获取是指企业产生利润，代表了企业颠覆式创新的终极目标。换而言之，企业通过创新满足原有产业中没有被满足的需求，赚取这部分市场空白的利润。颠覆式创新通过改进传统价值获取方式，在塑造多重增值服务的同时打造更多元化的收入渠道。

美国精准医疗公司是一家成立于 2000 年的医疗大数据分析公司，公司的价值主张是为市场提供大数据驱动的健康保健智能决策，通过与医院、医药公司、用户等主体的合作积累庞大的数据量，借助人工智能为用户提供个性化的医疗解决方案，通过颠覆式创新创造多元化的收入渠道。该公司的主要盈利途径分为两种。第一，通过人工智能为个人客户设计精准化的医疗方案，从而获得收入。公司以“正确的时间使用正确的药物”作为服务理念，优化用户的用药计划，节省用户的药品费用支出。公司根据平台积累的全局统计数据优化个人医疗方案，通过低费用积累用户量，运营成本较低，在用户不断增长的趋势下呈现良好的盈利能力。第二，通过向健康保险公司提供医疗授权数据获得收入。该公司可以通过疾病中潜在的分子网络分析药物对患者的潜在影响，并预测被保险人在未来可能出现各类疾病的可能性。例如，智能系统通过高密度脂蛋白、甘油三酯、血液代谢等数据预测个体在未来一年内出现高血压的概率，从而帮助医疗保险公司优化精算模型，实现差异化的保费设计，减少保险赔偿费用支出。

第五节　产业融合理论

一、产业融合的含义

产业融合属于产业组织理论的概念。产业融合是指在产业边界模糊化后，产业的独立性将不复存在，产业之间将形成新的合作关系。Greenstein 等(1997)认为，产业融合的过程伴随着产业边界的消失或者收缩，其目的在于促进产业的良好发展。Malhotra 等(2001)进一步对产业融合的概念进行了阐述，他们认为，在不同产业之间产生了竞争关系的情况下，产业融合将可能发生。植草益(2001)认为，数字科技的发展将打破产业间的壁垒，逐步推动不同产业竞合关系的演化，加速产业的融合发展。李美云(2008)认为，产业融合是一个让原本独立的产业交叉和渗透的过程，该过程使产业边界逐步模糊化，直至消失。因此，我们从文献梳理中发现，产业融合是一个令产业边界不断模糊演化的动态过程，即在数字科技的浪潮下，原本毫不相干的独立产业产生了关联性，通过合作或者竞争，这些独立产业的产品、业务、管理和市场发生融合，并产生协同效应。

新零售掀起了数字科技产业应用的浪潮，不仅工业和农业在加速信息科技化转型，而且零售业、物流业、餐饮业、金融业等服务性行业也在大数据、云计算、物联网、人工智能等信息科技的作用下产生了技术关联性，模糊化了原本独立的产业边界，出现了相互渗透的现象。例如，智能硬件设备与保险经营的融合，为市场提供了防灾、防损的硬件设备，从根本上杜绝了保险事故的发生，重新定义了保险行业的经济角色。

二、产业融合的逻辑机制

(一) 节省产业迂回成本

首先,产业边界模糊化后会出现通用和共享资源,这减少了企业的平均成本,提高了投入产出效率。比如,保险公司能够投资智能设备的科技公司,两者共同承担大数据、云计算、物联网设备等方面的投入,并共同获取战略收益。其次,产业融合可以促使产业外部交易变为企业内部协作,通过跨产业集团化的组织形式提高价格、质量、透明度等控制能力,加强跨产业企业的战略目标协同化,减少不必要的迂回成本。最后,保险业和制造业、医疗业等行业的融合将加快技术扩散速度,促进保险业的智能化发展,提高技术要素的均衡配置,有助于传统保险商业的新零售化。

(二) 产业整体升级

首先,跨产业融合将加快信息科技在产业的渗透,产业融合的技术边界大于两个独立产业的边界总和,这会产生在产业独立发展的情况下所不能形成的新产品或新服务。其次,产业融合将产生高附加值的新业务,促使保险机构从产业价值链的低附加值区域转向高附加值区域。此外,产业融合还可以促使低附加值产业掌握的生产要素流向新融合产业,使新产业链的关键资源更加集中。最后,在大数据驱动的新零售经济下,保险业与其他产业的融合也将起到对新兴资源和增量资源广泛使用的作用。

(三) 扩大市场容量和竞争

产业融合将有助于扩大市场容量,吸引原本不属于产业价值链的客户参与进来,拓宽企业的发展边界。基于大数据技术,两个原本独立的产业能更好集中各自市场的潜在需求,在两个产业市场需求的交集点上构建服务,重新建立新的竞争优势和盈利方式,提高产业附加值。跨界融合促使更多参与者进入保险业,如互联网行业本以信息科技为核心资源，进而成立互联网保险公司。这将促进保险市场的竞争，对资源配置优化起到驱动作用，扩大保险行业对信息科技和人力资本的需求，拓展保险业的市场容量边界。同时，在保险业与相关行业的跨界融合中，必然会出现企业的横向和纵向兼并，这有利于重塑保险市场竞争结构，使垄断竞争变为完全竞争。

（四）组织创新驱动

合作与创新是产业融合效应的直接表现形式，这将进一步形成新的组织结构。因为产业融合将重新定义行业竞争格局，促使保险企业出现新的竞争者，使竞争规则发生转变，从传统的竞争方式发展为互联网思维的竞争方式，因此，保险公司要以互联网思维应对新的竞争秩序。在产业融合的新竞争格局下，产业组织将发生内生性调整和创新。因为新零售视野下的产业融合的目的是为市场个性化需求提供解决方案，促使原本产品差异化企业的市场目标趋同化，使企业竞争转变为价值链竞争。这将逐步加大产业兼并收购的活动频率。

三、保险产业融合的路径

（一）建立新型保险生态体系

保险公司在价值链中引入后端服务，以创新型后端服务重新构建消费者的互动触点，完善客户购后体验，赋予保险产品多元化价值。在保险合同中，保险公司将创新型服务添加到保险客户的会员福利中，并通过保险理赔的形式，进一步赋予增值服务的赔付价值，构筑多元化的保险价值体验。为此，保险公司应当抓准市场定位，构筑以保险业务和客户价值为中心的生态体系，如汽车维修保养、健康医疗、养老地产、农业服务等生态体系。保险公司通过与相关产业价值链发生融合，建立消费者服务的生态体系，协同化保险客户的大数据，消除了迂回成本和合作壁垒，充实了客户保险相关的价值服务后端，提高了保险产品的透明度、快捷性和性价比，赋予了保险产品的复合化价值。

（二）通过技术催化产业融合

保险公司应借鉴新零售平台的运作思维，充分利用移动互联网、5G通信、大数据、云计算、区块链、物联网、机器视觉等信息科技，以技术作为产业融合的催化剂，深度挖掘客户的潜在需求，以产业融合作为个性化需求满足的供给形态，时刻把控市场的动态变化，创造能与客户直接发生关系的穿戴型产品或服务，借助5G通信物联网在线捕捉客户的生物信息，建立与客户直接互动的渠道体系，开发新服务型产品的需求场景。

以中国平安为例。中国平安在医疗保险领域构建了大健康生态体系，进行基于医疗问诊平台服务的产业融合，通过健康医疗管理作为医疗保险的后端服务，实现了产业价值链的后端延伸。例如，中国平安通过和互联网平台、健康医疗产业的产业融合，开发了“平安好医生”在线医疗问诊平台，建立了多层级的医生体系，为用户提供在线问诊、健康管理的服务。同时，中国平安推动了我国大量医院、诊所和名医团队的合作，其中包括了3 000多家医疗组织，所涉及的医生团队人数达到了50 000人以上，为用户提供私人医生、健康管理、体检等服务，较好地满足了用户的多元化需求。

（三）建立产业融合导向的创新组织架构

新零售思维决定了未来企业的数字化转型趋势，这也意味着平台化组织架构将成为产业链组织的中心枢纽，企业加强与互联网科技行业的融合，通过兼并收购、战略联盟、战略投资等途径改变组织形态，共享创业和行业投资的关键资源，如大数据、信息科技、专利、市场渠道等，建立技术投资和市场开发的利益风险共担机制，扩大企业边界范围，推动企业组织结构创新。在具体实施上，保险公司根据自身与合作企业在各自行业市场的特点，建立能在保险业与相关行业的跨业务部门单元，通过创新组织来开拓整体化战略思维，可以通过设立产业融合相关的创新实验室和风投基金，摆脱体系惯性思维，整合保险行业、科技行业、制造业、医疗行业、养老行业等行业的专业人才，共同构成新型产业组织的创新路径。

（四）促进集团化发展

除了构建保险新生态体系，我国保险业也应当积极推动集团化发展，以提升资金的管理水平，整合保险业务资源，实现保险产品的交叉营销。如今，我国大型保险集团主要有中国人寿、中国平安、中国人保、中国太保、泰康保险等，但是发挥集团生态多元化优势的保险集团较少，而且现有保险集团经营大多没有有效突破保险的业务范围，发展定位不够清晰，没有起到保险业务协同效应。

集团决策是驱动保险产业融合的关键，集团建设发展需要长效战略，不能只盯着单个保险业务的发展，要接受新零售的发展思维，从产业价值链视角看待业务的融合，积极引入保险以外的新商业元素，从职能引领型保险集团发展成融合价值型保险集团。保险集团应当采取合理放权式战略管控，释放业务线与外部行业的融合发展潜能。在职责和决策方面，保险集团应当根据新零售思维构建宽松化的平台组织，建立跨部门的组织结构，让决策流程尽可能简化。为此，保险集团应当学习互联网企业和新零售公司的组织特点，尽可能精简新业务的组织架构，减少组织层级和管理决策链条。

第五章 新零售下保险产业组织的实践模式

第一节 保险新零售的全渠道模式

一、全渠道的含义

“渠道”这一概念来自商品零售营销理论。改革开放以来，我国早期的零售商业营销模式是单渠道模式，即通过线下实体进行销售，通过人与人的沟通完成交易。到了2000年后，电话销售、电视购物、邮件销售和网络销售方式的引入，逐步开启了多样化渠道时代，消费者购买产品或服务的渠道不再拘于实体，通过信息传输介质即可完成交易。不过，无论早期的单渠道还是现在的多渠道，不同渠道之间都是各自为营，缺乏整体的协调性，这容易出现企业下游渠道内部竞争的局面，不利于提高营销效率。自2013年以来，我国开始进入全渠道零售时代。顾名思义，全渠道零售整合了所有的营销渠道，以满足客户跨渠道购物、一致化体验等诉求，减少了内部竞争。全渠道体系下的渠道类型包括实体店、体验店、服务网点、电话平台、电商平台、邮件平台、移动网络平台、社交网络平台等。同时，全渠道零售借助移动互联网的链接技术，进一步优化了不同渠道的利润分配，将各个渠道从竞争关系或竞合关系转变为合作关系，促进了渠道间的跨界合作。

全渠道保险新零售是指在新零售模式下，投保人可以在任何时间、任何地点以任何方式购买保险产品。在新零售时代，大数据为保险消费者在不同渠道切换身份信息提供了支持，通过全渠道的大数据共享来关联所有渠道的购物身份、清单和账户，构建多维度的消费者画像。通过渠道整合，全渠道保险新零售建立了以保险消费者为中心的复合价值业态，全方位满足消费者对时间、空间的便捷性需求，并整合购物、社交、娱乐等一切元素，通过协同化系统使消费者自由穿梭于不同渠道，获得一致化的体验价值。

二、全渠道的逻辑机制

（一）数据共享型营销

全渠道思维将打破传统保险渠道各自为营的竞争格局，建立数据共享机制，消除信息孤岛，建立全渠道型保险营销格局。保险公司可以全面整合线下保险资源、互联网流量和技术，打通线上平台和线下渠道的信息壁垒，实现线上和线下数据的互联共享，借助“实体渠道＋互联网”的双重作用，满足消费者的个性化场景需求。

（二）线上和线下渠道无缝对接

在 2019 年“双 11”活动当天，天猫平台总交易规模达到了 2 684 亿元，比 2018 年增加了 549 亿元。同时，线上直播、自媒体广告、社交裂变等新营销渠道和方式也受到了人们的广泛关注。事实上，智能手机、可穿戴设备、AR/VR 等智能移动终端的普及和应用，将加大消费者与商业营销的接触面，企业借助场景化设备建立无缝化服务渠道，构建全方位的全渠道发展基础，随时随地实现营销。在全渠道思维下，保险公司的发展模式不应只是简单地扩张网点，而应与保险市场中的客户建立更紧密的连接关系，从而实时捕捉客户需求，并借助大数据、物联网、区块链、云计算等信息科技构建消费场景，提高保险营销的成功率。

（三）明确创新性市场定位

随着我国经济转型期的到来，新商业重新定义了主要客户群体的细分定位，通过全渠道思维建立个性化服务范式，构筑了开放式的创新平台系统。全渠道模式将颠覆和重塑实体渠道和线上渠道，涌现一批新零售、智慧零售和无界零售形态，服务性能也从单一化定位转变为多元交叉定位，满足多层次的客群。在消费升级的趋势下，年轻一代消费者成为主力客户群体，这批人群对互联网文化接受能力强，消费习惯容易改变。因此，全渠道保险产业可以建立创新性的市场定位，以年轻一代消费者热衷的社交平台来迎合新客群。比如，保险公司可以通过自媒体、转发、游戏互动等粉丝经济获取收益。

三、保险全渠道的转型路径

（一）组织内部变革

首先，新零售下的全渠道发展依托于高速响应的组织结构。因此，传统保险公司应当借鉴互联网保险公司的扁平化组织结构，由公司的 CEO 负责全渠道战略的顶层设计，统一不同部门的认识和行动，深入贯彻公司的价值主张和品牌文化，构建不同部门和渠道的长效协作机制。这是保险组织内部推行全渠道的先决条件。

其次，传统保险公司应当基于全渠道新零售的需要，改变不同保险部门各自为营、相互掣肘的局面，加强不同部门的联系紧密度。在具体实践上，保险公司应当倡导以顾客为中心的协作文化，建立固定周期的知识和技能分享会，鼓励共享培训资源，消除传统组织中内部制度的干扰，建立协同化的顾客管理体系。

（二）建立跨渠道协同体系

在线下销售方面，保险公司需要在实体服务网点引入虚拟设施，并在销售网点建立上网环境，以便投保人在实体业态下完成线上投保理赔等服务。换而言之，实体渠道应当提供保险销售和服务的线上端口，让客户通过线下网点的专属验证码实施投保，实现线下信息与线上协同化，满足客户的咨询和结算服务。

在线上销售方面，由于保险条款过于冗长繁杂，第一次购买保险的客户一般无法有效理解保险条款的内容，购买决策容易受到阻碍。因此，保险公司应当通过线上保险服务专家为客户提供线上投保咨询指导，加强保险公司和客户的互动，提高客户的安全性感知。

在渠道协同方面，通过透明化信息共享，实现线上和线下营销服务体系的整合，使营销和服务资源一体化和可视化，开展跨渠道的协同作业方式，从全局视角引导保险各项资源的有效流动。因此，线上渠道的任务并非只是完成好线上营销和服务工作，也需要帮助线下网点解决咨询问题，同时，线下渠道人员也应当协助线上渠道解决线上客户的问题。比如，保险公司应当将距离客户最近的服务网点作为第一履约责任人，为客户处理保单购买的理赔、退保等问题。

（三）智能化客户服务体系

随着全渠道布局的展开，传统人工客服将全部转为自助智能客服。保险公司借助 App、在线聊天、社交媒体等多渠道为客户提供多元化的线上客服。新零售科技的发展推动了智能化客服的发展，保险公司通过自然语言处理、机器视觉技术、大数据云计算等应用，实现全渠道客服的整合与升级。

（四）全渠道精准营销

新零售是以消费者为中心的新商业形态，全渠道平台是新零售的具体实践方式。全渠道模式整合了线上和线下的消费者大数据，尤其是渠道端口的会员数据、访问数据、购物和消费记录等，跨渠道关联用户的身份。另外，保险公司借助横向和纵向产业链的合作，建立大数据获取和分析长效合作机制，释放大数据的商用价值。保险公司应构筑平衡化的跨渠道保险品牌形象，在不同渠道展现一致化的形象和服务表现力，同时结合所有渠道的优势能力，建立清晰的消费者画像，根据客户习惯提供个性化的精准营销策略。

（五）模块化购物流程

全渠道模式应当满足投保人购买保险流程中一切便捷化需要。换而言之，全渠道应该是模块化，分布于全渠道产业价值链中的不同渠道模块能够重新组合，构筑投保人完整的全渠道购物流程。在传统的多渠道时代，不同渠道之间连接松散，渠道功能的协调性较差，不能满足投保人的跨渠道需要。全渠道模式借助各类保险公司营销渠道的自由组合，为投保人提供了高度协同的服务组合，实现了顾客价值的复合化改造。投保人在购买保险过程中能自由转换模块，在完成了投保流程的同时，购物、享乐、社交、创造欲望也都得到满足，体验价值水平较高。因此，鉴于模块化的组合排列较为复杂，全渠道模式要依托信息科技的发展，才能真正实现投保人购买保险过程的自由选择。

（六）新场景体验

根据新零售时代下已有的成功案例，全渠道模式不仅要全面建立信息、服务与产品之间的联系，还应当通过渠道业态的特点重塑价值链。实体渠道应当加快商品品类的调整速度，并通过个性化服务体现商品的附加价值。比如，盒马鲜生的“餐饮＋零售”模式将价值创造升级为给顾客创造一种生活方式，提升了线下实体店的特色，满足了消费者在多种消费场景下的个性化需求。对于保险实体业态来说，它们应当学习新零售业态的成功范式，在事前保险的基础上引入事后风险防范的差异化服务。例如，在汽车保险营销中融入汽车防损的物联网智能设备，建立线上和线下协同化的汽车风险解决方案，形成线上与线下流量双向互动效应。

第二节　保险新零售的平台模式

一、新零售双边平台的含义

早前，有关学者就分析了双边平台市场形成，认为双边平台是为买方和卖方提供虚拟交易市场的一种网络信息技术媒介，平台的盈利模式是向交易双方收取服务费用。双边平台只有大量买卖方参与才能激发市场活力，并且两侧用户应当具有数量性平衡的特点，由于个体用户的顾客价值取决于交易对象的数量和多样性，所以只有加大平台用户之间的互动性，才能发挥网络外部性价值。因此，双边平台的基础模式是利用互联网技术构建虚拟的交易市场，满足多边市场用户的买卖交易需求。在新零售时代下，保险新零售的双边平台化转型思路是应用信息科技来完善双边平台的智能化、无缝性服务。新零售双边平台具有以下三个特征。

首先，新零售平台具有双边平台的基本功能，即为保险公司与投保人建立一个虚拟的平台市场，为交易双方提供平台管理技术或服务。新零售双边平台的宗旨在于将保险产品标准化，从而为投保人构建索引式检索服务，通过建立保险双方的自由信息交流的社交平台，为保险公司提供虚拟店铺从而增进投保人购买意愿。由于保险双方对平台的依赖性较强，随着平台用户量的增多，平台信息呈现出海量化特征，平台必须开发新技术，以提高双方交易的效率。例如，在阿里巴巴集团精准推荐技术的应用下，如今大多数新零售平台都对商品和用户进行了标签化管理。因此，广告商家基于这些新零售平台的用户数据，并通过大数据分析，优化广告的选择性精准投放，为相关用户优先推送产品与服务。

其次，新零售双边平台通过价格、促销、广告营销等策略吸引客户，从而产生庞大的用户流量价值。移动互联网时代是“流量为王”的时代，高密集的用户流量才具有更高的商业变现价值，才能进一步吸引更多的保险公司的入驻合作，平台再通过营销策略来留存投保人，达到平台买卖双方数量的增长，使平台价值持续性增长。在如今的商业实践中，天猫、拼多多、京东等都是通过类似的策略吸引用户流量，同时采取差异化的价格收费来留存不同的客户，并赚取最大化利润。具体方法是通过优惠券、团购补贴、亲友助力等途径，平台增强与投保人互动的方式，提高用户黏性，引发用户自主性、“病毒性”传播，使用户流量达到网络外部性的门槛规模，以触发平台用户的自发性增长，并不断吸引对价格不太敏感的用户的参与，从而使平台流量进入稳定增长期。

最后，除保险公司外，新零售平台将进一步引入商业服务型企业，构建供应链生态闭环。平台企业协调保险公司、服务商、技术商等资源，成功构筑以投保人、被保险人为中心的全场景、全渠道、全功能的商业闭环系统，促使保险消费者的一切个性化需求都能在平台系统内解决。同时，平台企业建立的平台共生机制，会逐步吸引高质量服务的保险公司，发展C2B的反向定制化服务，赋予平台个性化复合价值，并为保险公司和保险客户提供透明化、机制完善、高效率的交易服务，部分平台还提供中间担保、消费金额、商家贷款等供应链金融服务。

二、保险新零售对双边平台的影响

（一）平台资源整合的实践形态

在我国，通信技术、数字科技等信息技术的发展造就了“零边际成本社会”。组织创新活动不再封闭，而是通过开放将内部和外部理念结合在一起，形成平台、架构和系统。保险产业领域，由于移动互联网打通了信息资源的流动渠道，加之消费市场需求的瞬息万变，传统的保险组织形态已经难以适应新市场的生态环境，越来越多的保险公司开始从封闭单向创新模式转变为开放双向创新模式，通过社交网络、移动互联网、电子商务、自媒体等模式拓宽组织边界，实现了内、外创新资源的多向流动。我国已进入新零售时代，移动互联网、大数据、人工智能重构了保险业的业态模式与运作形态，从创新驱动机制来看，新零售将促使保险公司向平台化和集成化方向发展。在资源引入方面，保险公司凭借移动互联网、大数据、云计算、人工智能技术打造新零售双边平台，并在平台中引入市场竞合机制，获取流动性良好的创新资源；在资源引出方面，保险公司通过新零售双边平台打通保险产业供应链，将供应链生态主体连接到集成产业链中，通过供应链一体化的组织形式驱动新型保险产品的开发，以满足投保人日益多样化的需求。

在新零售驱动下，双边平台除了具有中间市场的职能，还将突破平台本身的边界，通过引入外部商业模块整合外部商业资源的方式为产业价值链提供更充足的服务。我们在保险行业新零售双边平台的运作方面应当先考察新零售平台对资源整合的实践形态，然后再进一步分析新零售平台资源整合带来的优势。

随着互联网经济的高度渗透，双边平台逐步成为产业价值链的中心，与供应商、服务商和技术商共同构成了产品和服务的平台生态系统。平台生态系统是在市场经济条件下，平台利益相关者与其他相关事物共同构成的整体。其涵盖了众多的利益相关者和相关环境、因素。平台生态系统的发展有赖于众多利益相关者的共同治理和机制。因此，双边平台处于新零售生态系统的关键位置，也是构建市场生态机制的主导者。它通过制度、规则、奖励处罚等途径建立生态信任、物种多样化、公共设施和社交沟通等，并且不同平台之间的生态机制会形成竞争角力点，更优越的生态将会吸引更多的流量等要素资源。因此，一个平台在经济主体中的价值取决于其生态机制，如果其他平台的生态机制更具优越性，将导致本平台流量、服务、供应商等要素资源的流失。

（二）双边平台资源整合的优势

新零售双边平台的优势在于生态系统的赋能开放性，因为完全由平台商自主支配的技术资源将对市场效率造成较大的损失，而新零售时代下平台技术的可替代性较强，新零售双边平台更有利于提高生态系统绩效和吸引客户流量。长期来看，电子商务时代下具有更高赋能性的平台更有利于平台供应商的成功。回顾世界21种计算机操作系统的发展历史，我们不难发现系统平台的赋能开放能让研发速度提升5倍之多。因此，保险新零售双边平台为不同平台主体提供差异化的赋能，并为平台用户提供个性化的精准推荐，以加快平台供需匹配的精准度。

（三）整合优化共享资源，发挥资源价值创造能力

平台化企业将集成众多资源和能力，其中包括了构建平台所需的技术、人才、资金和产业链网络，通过多要素的重新配置不断创造新的投资价值，如平台盈利性功能和服务的开发。具体而言，保险平台不再仅仅是为商品交易而努力，而是为平台下供需双方之间的交易过程提供增值服务。这是平台企业的关键业务，平台内有其他交易者所需的互补性资源和能力，通过服务来增强其他交易者的交易效率，从而起到整合优化资源，助推价值创造的作用。

三、保险新零售双边平台的实践路径

（一）中介服务型平台

中介服务型平台是指以满足投保人需求为出发点，通过整合保险公司各个产业价值链为投保人提供全面服务体验的平台。正因为投保人的需求是个性化的，保险公司应当围绕消费者需求给出解决方案，尽力满足表象需求与潜在需求为零售模式创新的根本。保险消费者的需求维度有多个方面，价值诉求也根据功能性、情感性、社交性、生活性等不同层次的维度而不同。每一个保险消费者的可观测维度是立体的，新零售平台要深度挖掘保险消费者的潜在需求，根据所有维度的价值诉求，整合创新资源主体引入具有关键技术、服务、产品的供应商，并将这些资源与平台功能形成有机融合，打造商业闭环。

互联网经济促进了长尾市场的发展，促使互联网商业模式都极其重

视自由消费环境下的商业契机，互联网技术打破了市场的交易空间和时间约束，整合了分布于不同地区和不同时间的同质性需求，加快了买卖双方的搜寻速度。自由化消费需求聚合积少成多，形成了庞大的市场价值。互联网商业模式的创新方式一般都是搭建网络平台，设定一个明确的市场定位，为潜在同类消费者满足聚合需要，借助平台打造社群经济，实施C2B、B2C、B2B2C等模式的产品流通，成为社群成员的社交沟通社区，鼓励社群成员发布原创内容(user generated content, UGC)，鼓励成员与平台共创价值。

网络平台模式受到广大互联网企业的青睐，平台经济的兴起是因为平台建立了一种多边市场，可以从多方收取费用，其运作机制依赖于网络化价值共创的商业逻辑。现代电子商务管理学把网络平台分类为单一社群平台、多社群平台和隐形社群平台这三种类型：单一社群平台主攻细分市场的特定喜好，有较高的指向性，营销目的明确而精准，更容易赢得购物动机强烈的客户；多社群平台的指向性不高，为用户打造了多种网络社区以供选择，用户完全可以根据自己的个性化偏好来构建或加入社区；隐形社群平台与前两者完全不同，不是用户主动型，而是通过后台系统来运营，借助电脑或手机中用户的浏览记录自动生成用户标签，进而将用户的社会身份划分，为其进行精准推荐。

目前，互联网平台的用户变现率一般是5%，也就是说，所有用户中有5%的用户成了平台主要的收入来源，而其余95%的用户愿意免费使用平台所带来的服务。不过，尽管有95%的用户不会给企业带来直接经济价值，但这并不代表平台应该放弃这些用户，因为免费的用户规模产生了网络外部性，能够吸引更多用户来加入平台、使用平台，从而产生更多的付费用户。因此，互联网平台还是奉行“流量为王”的原则，互联网平台模式的成功与否取决于平台的流量规模与成长性，如果平台能够吸引到足够的用户流量，企业才会有盈利的空间。所以，在互联网经济时代，拥有更多用户和更多流量的互联网企业可以获得更多的利润。以B2C电子商务平台为例，垂直细分市场占有率越高的平台，其品类的广度和深度往往都远高于其他平台，这是因为买家和卖家都会选择流量最高的平台，推动高流量平台的规模经济效应。

（二）价值链整合型平台

价值链整合型平台与“挟流量以令供应商”的中介服务型平台不同，价值链整合型平台指的是平台企业通过内化与联盟的方式，集成产业链中产品与服务的平台。随着移动互联网、大数据、云计算等数字科技的商业化，实体商业能够强化线上平台的功能，将产业链上游和下游信息化整合在一个云端数据系统，并且采用数据共享加强合作，有效增进产品与服务的运作效率。在价值链整合模式下，实体企业作为供应链的牵头方，提供大数据系统以整合供应链企业的所有环节数据，根据生产、库存、流通、需求等关键信息，相互协调并采用协同解决方案应对。在价值链整合的创新模式中，实体零售商作为资源平台的形式出现，而不是作为中介渠道，平台企业整合研发、供应、采购、配送、营销等环节，通过对产业链所有资源的整合，构建平台商业生态圈，满足消费者的个性化需求。从这个意义上看，价值链整合型平台与中介服务型平台的本质是一样的，是以消费者个性化需求为中心的创新模式，不过在价值链的整合模式下，平台企业将组成一个战略联盟，形成了共生关系，企业的边界也更模糊。

在互联网时代下，信息的边际成本几乎为零，所有互联网上售卖商品的信息全部公开透明，同时消费者的选择也会留下痕迹，这便推动了企业对消费者的区别定价能力的提高。基于平台社群，企业可以将用户的支付意愿、时间成本、需求弹性的信息细分，进而实施区别定价。因此，平台仅仅对消费群体聚合还是不够的，过于刻板的定位必然不能满足日新月异的消费需要，还应当周期性地对消费者的同质性需求进行甄别分类，为电商平台用户精准推荐内容或产品，才能突出平台模式定位精准的优势，提高平台区别定价的效率。

阿里巴巴公司旗下的电商平台淘宝和天猫便是典型的例子，淘宝平台对卖家采取免费入驻策略，淘宝的定位很简单，就是传统的网上百货商场，无论是大型或小型、知名或非知名的品牌都在同一平台中售卖。而天猫则不同，其对卖家设置了入驻保证金标准，卖家的交易规模往往较大，产品品质、承诺履行、售后服务等方面都优于淘宝的卖家，同时价格也高于淘宝网的整体水平。那些愿意为低廉价格牺牲一部分产品质量或售后服务的消费者往往会选择淘宝，而愿意为产品质量或售后服务溢价付费的消费者，自然会选择在天猫购买。那么，电商平台可以根据质量、价格、承诺、服务等属性的差异，将不同诉求的消费者分类，有针对性地推送内容、给予优惠券、限时促销等。

（三）解决方案供应商模式

解决方案供应商模式是将平台企业创新资源功能输出给社会，将企业内部的核心资源实现价值再生，将创新资源迅速渗透到社会经济，为客户提供解决问题的一整套技术方案，加快行业效率提升。零售服务解决方案供应商的组织结构应当转型为前台定制化、后台标准化模式，将价值可再生的重要业务对外开放输出。这些重要业务包括了物流体系、信息系统、营销系统等，可以通过授权、交易等方式向社会企业组织输出。这种解决方案一般有标准版与定制版之分，标准版是指为社会企业输出标准化的服务或方案，定制版是指依靠平台企业内部的专业、知识、人才为客户定制个性化解决方案。

目前，京东与阿里巴巴是行业内较为成熟的零售解决方案供应商。京东认为，未来零售革命将改变零售业的基础设施，未来的零售设施是没有边界的，将成为开放共享的资源。京东的实践方式是将京东物流作为解决方案，京东物流是以智慧化、标准化、定制化为特点的物流体系，长期以来也是京东电商的核心竞争力。通过京东电商积累的供应链物流体系，为企业提供物流解决方案，京东的服务体系开放后，京东服务将作为一项可供大型商场或创业者所购买的服务，减少了社会服务需求的重复投资，并提高了服务质量。阿里零售通是阿里巴巴旗下的一个快消品B2B平台，通过阿里巴巴平台内的创新资源，主要为城市零售店提供商品货源以及配送服务，这项服务是由第三方服务平台“菜鸟网络”来完成服务管理的，这是阿里零售通能够短期内迅速渗透市场的关键因素。另外，阿里零售通的目标市场在于二三线城市的“夫妻店”市场，我国“夫妻店”的市场规模超过了600万家，但是受到了“千店一面”的约束，这种“夫妻店”在新型互联网电子商务和连锁便利店的冲击下生存环境不断恶化。而阿里零售通为“夫妻店”提供了水电煤代收代缴、贷款服务、货品推荐、零售相关的专业培训等服务，通过包裹寄放、手机卡代缴、水电煤代缴等业务收费，优化了“夫妻店”收入的多元化，也提升了“夫妻店”与消费者的有效沟通，促进了消费者黏性。

第三节　保险新零售的价值共创模式

一、价值共创的定义

随着西方经济进入以服务为主导的时代，一种新的价值创造方法被提出。即以个体为中心，由消费者和企业共同创造价值。在新零售环境中，服务价值链基于线上和线下服务的整合，使价值共创实现了跨渠道资源的整合，让各个渠道的消费者参与企业的研发、设计和生产的整个过程。因此，本书提出，新零售价值共创是指顾客和企业通过线上和线下的互动产生的价值合作行为，具体是指借助产品、环境、服务、场景等有形或无形载体构成共创体验，在体验中创造价值。

新零售价值共创包括产品、场景和服务三个层面，它通过不同维度为消费者提供价值共创的通道。其中，产品价值共创是指新零售企业为顾客提供定制化产品，这种产品可以是有形的，也可以是无形的，它是消费者定制的个性化偏好的产品。这种由顾客与企业互动协作开发的产品，不仅为企业自身塑造价值，还赢得顾客更高的满意度和忠诚度。场景价值共创是指新零售企业为顾客开发多元化互动的渠道，通过电子商务、社交媒体、社交软件、应用 App、自媒体等途径与顾客发生多触点要素的互动，让顾客在多重环境下体验感知并提供反馈。服务价值共创是指新零售企业通过信息科技与人工服务，为顾客提供交互服务，并在服务互动中为顾客创造价值，使顾客在享受服务的同时，也能为平台创造服务体验、访问记录、购买倾向等信息资源，助力其他顾客的共创行为。

二、价值共创的逻辑关系

（一）角色分工分析

1. 顾客分工

如前文所述，尽管传统营销理论认为产品或服务的价值是由企业创造的，但是随着顾客角色地位的提高，服务主导逻辑决定了企业需要引入顾客才能完成个性化服务，才能更高效地实现个性化的价值塑造。换而言之，顾客价值创造论认为，产品或服务的价值是由顾客来评判的，而顾客对价值的评判是由其偏好所决定的。顾客通过自身拥有的资金、人脉、知识、技能、经验等关键资源，参与产品或服务价值的创造过程，使其符合自身功能性、享乐性、社会性、自我实现性的诉求，突显了产品或服务的价值。因此，既然顾客拥有有助于产品价值创造的要素，而且新零售是由消费者的个性化需求驱动的，那么顾客理所应当被纳入产品价值链的后端，参与到价值创造中，取代部分企业原有的职能角色。

2. 企业分工

随着企业开始重塑产业价值链，顾客价值共创理念也应当被融入新的产业价值链中，以便更好地分工协作。企业掌握产品或服务生产中的关键环节，包括开发、设计、生产等活动，随着顾客资源的出现，新资源应当被输入到产品或服务的生产过程中，企业要建立合理的机制整合顾客资源和生产链，促进价值共创。

（二）互动关系分析

价值共创的逻辑关系突破了传统营销理论中的单向传播或双向传播的限制，而是通过顾客和企业互动形成自然性和虚拟性的精神共鸣，由企业为市场建立产品、场景和服务来为顾客协同创造体验，两者共同参与产品价值创造的实践过程，这将赋予顾客高度的自由，提升价值体验感。换而言之，价值共创是在企业和顾客相互协调、相互影响的过程中，双方通过互动创造商品的复合价值，再以交换、交易的形式让商品的价值得以实现。因此，价值共创的根本逻辑在于顾客和企业的合作。

此外，在价值共创过程中，企业与顾客的协调和互动是平等的，企业为顾客提供价值创造的通道，企业通过一定的方式让场景渠道进入到顾客的作用范围内，让顾客具备随时随地参与创造价值的机会。同时，企业也能根据顾客创造价值的相关信息与顾客产生互动，从而共同创造价值。

（三）行为模型分析

从企业视角来看，价值创造的主体是企业。首先，企业提供品牌的价值主张，为市场提供产品、定价、组合和优惠等并通过线上平台进行产品的开发、设计和传递，为价值共创构筑先决条件。其次，企业通过云计算、人工智能、物联网、机器视觉、区块链等技术构建互动接口，对消费者的信息进行智能化感知，并为顾客输出反馈结果。这个简单的价值传递过程就是一次价值共创过程，双方共同为价值目标而努力。

从顾客视角来看，价值创造是由顾客驱动的，分为互动价值共创和单独价值共创。互动价值共创是指企业和顾客同时参与价值创造工作，企业通过平台与顾客实时沟通，顾客随时以合作者身份参与到服务价值的共创中，比如保险公司发起的多人转发进而积累保额的营销活动；单独价值共创是指企业通过共创平台提供产品，让顾客借助自身知识、经验和人脉来构造价值，比如保险公司建立专属的团体性保单产品，让顾客成为价值创造的驱动者，保险公司只是协助顾客实现创造价值。

三、价值共创路径

（一）互动模式构建

首先，保险新零售企业应当积极开展与顾客的沟通和互动活动，通过线上和线下渠道同时向消费者征求意见，尤其是顾客创意、新品体验、邀请测试等互动活动，让顾客能够全方位地体验到保险公司的产品与服务，并为企业品牌进行推广。同时，保险公司还可以根据参与者的创意和反馈来改进和完善产品。另外，保险新零售企业应当针对顾客的个性化需求搭建服务平台相关的社群，社群中不乏忠诚顾客会传播对企业有益的信息，借助构造和谐共生的社群生态，积极引导顾客参与价值共创。同时，由保险公司主导的社群和互动平台建设，将培养顾客的产品共创能力，让顾客能在长期互动中越来越了解新零售商，不断巩固和提升企业与顾客的关系，增强共创效果。

其次，保险新零售也应当重视整合线上和线下的渠道资源，让技术资源更全面，员工的服务方式更多样。新零售商应当让线下门店加快铺设服务设施，促进购物的便利性，为顾客提供更丰富和更完善的服务体验。对于线上网站界面设计良好的虚拟店，其线下业态也应当重视装潢，确保两种业态的外观设计保持一致，而且两者提供的商品品类、服务保障、价格水平和促销力度都应保持一致。

再次，保险新零售应当努力培养一线员工的专业性和社交沟通能力，让新零售的线下服务质量处于高水平状态，让员工成为为顾客提供产品咨询和售后服务的销售顾问。对于线上渠道，保险新零售商应该增强线上平台的社交功能，让顾客可以更便捷地使用服务，同时增加平台的社交娱乐属性，激发顾客自发地组建人际关系，获得群体认同感，激发顾客参与群体行动。同时，随着信息技术的不断完善和引入，人机互动是增进线上顾客黏性的有效方法，因此保险公司需要通过更具情感性的交互技术来与顾客交流互动，加快人工智能顾问的成熟应用，为顾客提供更具人性化的问答服务，让人机交互过程具有情感色彩，使顾客享受到更个性化的体验。

最后，保险新零售应当利用各渠道的信息资源与交互系统，让产品和服务的线上渠道公开化、透明化，让顾客获取信息资源的渠道更便捷，并通过线上智能客服或人工服务来为顾客提供资源应用培训，使顾客熟练利用资源来发挥创意与能动性，释放顾客的价值共创效果。同时，企业可以以官方身份授予一部分顾客相应的荣誉头衔，或者赋予忠实顾客官方认可的标志或权利，以增强顾客的责任感和使命感，促使顾客积极参与互动，这些将促进顾客充分认识到自己的价值，从而对共创行为更为自信，增加价值共创效果。

（二）“人、货、场”商业模式创新

随着5G通信技术的发展，万物互联时代即将到来，物联网将渗透到消费经济的方方面面，成为顾客与企业价值共创的桥梁。对此，保险公司应当提前布局物联网信息科技，将新科技融入保险产业价值链的前端，通过碎片化场景渠道识别潜在的消费群体，并与之发生场景化互动，构筑价值共创商业模式的生态基础。因为在物联网时代下，顾客主动输出的信息在物联网智能硬件和软件内存储，由此会产生海量的数据，使大数据分析成为企业价值反馈的重要线索，从而实现顾客与企业之间的价值共创。

在物联网时代，大数据技术有助于企业追溯顾客的时间、空间、行为、生物、社会等方面高维度多层次的数据，建立起顾客与产品或服务发生关联的一切场景、行为、情感等。因此，5G相关移动设备的流量入口将是未来新零售格局中企业与顾客价值共创的生产要素，顾客只要携带手机、手表等智能设备即可随时随地地接入企业云端系统，令消费者的碎片化生活成为价值共创的投入要素。

此外，5G通信将进一步强化社交媒体的地位，促使社交媒体高度渗透到顾客的生活。通过社交媒体，顾客与企业更容易建立联系，从而便利

了企业对消费群体的细分。同时，企业更容易发现亚文化社群数量的增长，进而对不同的消费群体采取不同的策略，对差异化社群的价值分而治之，精准细分顾客个性化的生活场景，实现以社交流量为基础的价值共创。

（三）建立多维度场景化的触点

基于价值共创思维，未来保险业的商业模式建设应当从多维度考察产业价值链传递的触点，建立跨时空的消费情境反馈体系，通过即时化的产品服务供给为用户建立共创渠道，增强消费者体验。由于顾客细分市场趋于多元化，保险公司可以通过标签属性对顾客细分市场进行分类，利用消费者的分享诉求和情感诉求建立消费场景的共创机制，为消费者提供场景化工具。比如，消费者在购买保险后都需要一些具有情感关怀、社交体验属性的增值服务。消费者可以通过社交媒体、自媒体、社交平台等途径学习健康养生、病症医疗、汽车保养等知识经验，并通过分享行为来塑造价值。

（四）资源整合

根据服务主导逻辑的理论，资源整合对价值共创效果具有决定性作用。基于 B2C 电子商务的研究发现，企业通过整合物质性、文化性和社会性资源，能够鼓励个体顾客参与到企业价值创造中。具体而言，资源整合能有效丰富顾客获取市场信息的渠道，有助于企业在全渠道环境下和顾客保持紧密的联系，让顾客获得无缝的一体化零售体验，增强用户的参与感。

因此，基于资源整合的价值共创模式有利于增强价值共创效果，构建保险新零售平台中自助工具的多样性，增强平台的连接属性。保险公司通过构建价值共创平台网络，将顾客资源、信息技术、社群等要素融合起来，并建立人与人、物与物、人与物的高连接性，建立资源整合商业形态，与企业共同创造新价值。换而言之，在传统的价值创造时代下，企业经营的内容是产品、服务或体验，而在现代价值共创时代下，企业需要整合资源为顾客提供价值共创的工具与平台。

（五）基于社群互动模式打造产业价值链

在传统的价值创造理论中，顾客是产业价值链的旁观者。随着移动互联网技术的发展，企业与顾客的沟通越来越广泛，顾客对企业的影响也越来越大，企业在设计和执行生产或营销的过程中，顾客逐渐从旁观者转变为企业价值创造过程的参与者，而且其参与范围、参与程度不断加深。顾客为了得到满意的产品，希望与企业互动，参与产品的开发和生产。因此，以企业和产品为中心的传统价值观正在被以顾客参与为核心的价值理念所取代。

另外，传统保险公司经常遇到价值链过于冗长和复杂的问题，由于时间和空间的限制，企业价值不能快速、有效地传递给市场。尤其在移动互联网时代，每一个顾客都是企业价值传递的连接点，因此，保险新零售平台必须开展业务模式创新，优化价值链，整合网络资源。新零售平台的营销模式需要引入消费者因素，如果营销模式缺乏双向互动，就不可能吸引顾客加入价值链，不利于价值传递与持续再生。与网络社群营销、媒体营销、体验营销一样，保险公司的营销也要采取与社交媒体有机结合的方式实现吸引客户和企业价值传递的目的。

第四节　保险新零售的共享经济模式

一、共享经济的定义

当社会经济发展到一定规模后，过剩经济将形成。2016 年，随着共享经济的发展，我国正式进入共享经济的萌芽期。共享经济是指资源拥有者通过对闲置资源使用权的经济性让渡，使闲置资源实现价值创新，提高闲置资源的使用效率。共享经济的产生与新零售模式密不可分，两者均以移动互联网的覆盖性发展为基础。从实践意义来看，共享经济与新零售之间存在着较多共性，它们均是以大数据作为商业模式的重要驱动，协调线上、线下资源，通过平台模式运营，在产品或服务的消费场景中渗透业态渠道，满足消费者的碎片化需求。

共享经济的价值在于对闲置资源进行重塑，颠覆了传统的资源所有权和使用权相统一的商业形态。在移动互联网背景下，闲置资源的定义得到了更广泛的解释，不仅是实物商品，就连体验、服务、信息等虚拟商品也具有共享价值。在多方面共享的趋势下，“共享经济＋新零售”的新业态也应运而生。该模式利用商品销售有关的关键性闲置资源，帮助所有者通过平台共享资源获得收益，平台也获得相应价值。以2017年以来迅猛发展的无人货架为例，该新业态利用办公室闲置场地面，在无人货架（或冰箱）上摆放一些日常饮料、点心、小吃等，通过一个小小的无人货架和二维码完成供给和交易，满足了上班族白领的即时场景需求，发挥了闲置空间的价值作用。

保险业虽然看似与“新零售＋共享经济”“风马牛不相及”，但它们在实践中有较大的现实意义。保险产业价值链中包括保险公司、保险服务性机构、销售渠道和消费者等多方主体，它们可以将产业关键资源在内部供应链中让渡出来，以提升最终体验的顾客价值水平。在传统的保险业中，保险公司不仅承担着营销职能，还担负着理赔、变更等服务功能，由于资源有限，不得已将全部或部分营销、理赔等服务功能都外包给第三方企业，如商业银行、汽车销售服务4S店、经纪公司、旅行社等。因此，在传统的保险经营中，渠道的开拓极其重要，只有渠道广泛的保险公司才能保障市场份额，这也决定了保险公司的盈利水平。共享经济和新零售商业模式的出现，将对传统保险业造成较大的冲击，因为在“零边际成本”社会中，企业之间的壁垒将消失，很多以前遥不可及的资源在互联网时代都可以很容易地获得，渠道商、服务商等合作者并非不可替代，免费的虚拟资源可以置换更高的价值，保险公司的产品设计和承保能力、服务商的服务合作网络、渠道商和平台商的客群流量、平台商的技术资源以及消费者大数据都可能成为闲置资源。因此，在“保险＋新零售＋共享经济”模式下，传统保险产业链资源各自为营的局面将被打破，市场资源的流动性将加快，保险业将形成共享化模块组织形态，通过不断的排列组合来形成创新型产品或服务。

二、共享经济对保险新零售的影响

（一）颠覆传统经营理念

共享经济给传统商业带来了开放式创新思维的启示。随着信息科技与移动网络的发展，企业要打破传统的封闭式管理，不应过度强调企业资源的专有性、特殊性、保密性和不可外泄性。在未来保险市场中，顾客不应当仅仅作为营销对象存在，而应当成为资源共享的价值共创者。企业如果以单向喇叭模式进行营销，将错失市场增长的良机。企业应当采用资源共享式的新协作机制，通过共享经济打通产业价值链的关键资源，发展 C2C、C2B、C2B2B 等逆向商业价值链，令顾客既能扮演消费者的角色，也能扮演营销者的角色。换而言之，共享经济改变了传统消费者受到企业单方面营销传播的局面。平台为消费者提供了自主创业资源，消费者可以应用互联网和交易链接来发布保险产品信息，成为保险或相关服务的营销者。

新零售开创了以消费者为中心的大数据驱动商业，这种新商业范式必然是开放式的，这样能源源不断地引入与时俱进的创新技术，才能推动个人商业的发展。平台使用者既可能是消费者，也可能是销售者，或者扮演两个角色。同时，共享经济的内涵恰恰是资源的开放和共享，新零售平台通过整合共享经济的资源，经营模式将更高效、低成本、更具满意度，顾客的趋利性倾向也有助于平台积累更充裕的流量，提升平台用户黏性。

（二）消费者角色成为主导

共享经济重新定义了传统产业链中各角色的分工合作关系，使生产、经营和消费角色的属性发生了变化和重叠，即消费者也能成为生产者和经营者，商家也能成为消费者。因为个体掌握了更充足的信息资源，成了人际关系营销的枢纽，所以 5G 互联网的发展能进一步激发共享经济的发展空间。对于保险行业的新零售平台来说，应当重视新消费者职能变化，此类消费者能借助移动互联网和社交媒体等渠道，以零边际成本来分享有关保险、服务、设备、新闻、知识、工具等信息。这种分享具有跨时空、信用转移、评价扩散等性质。与商家相比，消费者这种分享更容易赢得所属社交群体的信任，也更能激发所属群体的个性化需求。因此，保险消费市场也逐步进入消费主导时代，由消费者决定将资源以哪个时间、哪个渠道、哪种方式共享给哪个群体。因此，共享经济模式提高了市场信息的透明度，有助于消费者在保险消费中占据主导性地位。

（三）保险新零售的轻资产运作

共享经济商业模式的一个特点在于轻资产的运作，因为共享的本质是为资源提供者建立一个交易平台，理论上不需要投入大量的重复资产。共享经济思维将市场供给和需求建立了灵活的匹配机制，消除了资源闲置成本，降低了市场交易成本，逐步拓宽了企业市场边界。传统的保险公司毫无疑问是重资产运作的管理模式，传统保险业和电商平台的投入成本较高，市场交易成本也较高。因此，过去保险市场的竞争是以占有核心资源为主，企业积极建设竞争壁垒，并且倾向于集团化发展，用组织内部交易替代外部市场交易。共享经济通过移动互联网、区块链、云计算等信息科技，以较低成本获取外部资源，打破外部资源获取的交易成本过高问题，而且资源广度远远大于企业内部，所以以资源集中式的重资产管理格局终将被共享经济打破。

此外，传统保险购买流程也将发生变化，逐渐演变为全权委托式购买。在消费者主导时代，传统保险业态已经难以满足顾客的个性化需求。而且顾客在购买保险前都会“货比三家”，他们只有经过多方比价和信息搜寻，才会做出购买决策。共享零售平台的出现，使顾客作为代理渠道的代销模式开始流行，保险销售从权威销售员分化为人人代理，让更多顾客通过社交网络了解保险，购买保险，对传统保险业的被动式销售形成了颠覆式变革。

（四）购买过程便捷化

根据消费者互联网购物的整个流程，消费者搜寻产品有关的信息是非常重要的环节。在互联网海量信息增长的背景下，消费者的认知负荷加大，使消费者购买过程承受了较大负担。同时，在过去，由于电商的信用体系不完备，消费者的利益得不到保障，消费者也难以找到满意的商品购买渠道。共享经济是信用经济发展的产物，信用体系完善与否决定了资源使用权让渡后能否较好履行共享合同。共享经济促使陌生人之间彼此信任，消除投机行为。

共享经济通过新零售平台大数据和云计算的运用，利用支付宝、微信等高黏性信用评估体系，建立了透明化的交易环境，提升了共享经济中的合同履行行为，减少了双方共享合作摩擦，消除了搜寻、谈判、监督等交易成本，尤其是顾客购买中的不确定性和感知风险，通过人际关系巩固商家信用，最终减少顾客的搜寻成本。因此，共享经济模式将引导保险新零售模式的便捷化发展，构建资源高信用、低成本的分享型新商业模式，简化消费者的购物流程。这也是未来保险新零售的演化方向。

（五）对传统保险服务的冲击

共享经济为产品和服务提供了个性化发展的重要契机，通过对个体消费者提供满足其个性化需求的供给，使共享成为一种新的生产、经营和消费方式。传统电商服务必然需要改革，以适应共享经济时代的服务需要。电商平台要为个人共享提供精准的反应，提高资源在平台内外的价值释放，发挥共享资源的经济效益。对此，首先，传统保险公司的标准化服务模式由于受到时间和空间的局限，不能满足碎片化的共享资源需要，保险公司应当借助人工智能建立跨时空的服务能力，突破传统固定工作时间的模式，最大限度地释放共享经济的作用。其次，伴随消费者主权时代的来临，传统的大规模生产与经营的规模经济被个人经济所取代，保险营销将通过个人传播实现个性化与场景化发展。

三、保险新零售共享经济模式的路径分析

(一) 去中心化的重构合作

如先前所述，“人”“货”“场”是新零售模式发展的三要素，未来保险行业的新零售化演变也不会脱离这三大基本要素。在共享经济视角下，“人”代表消费者群体，每一位个体消费者背后都具有其专属的消费社群，这部分信息、人脉、社交资源便是其掌握的共享要素；“货”代表产品，包括产品的设计和服务；“场”代表渠道场景，包括销售渠道、业态、陈列、氛围等。国美零售在2017年推出了共享零售模式，采用了去中心化的流量合作模式，如图5-1所示。过去，保险公司的发展以保费规模增长为中心，各大保险公司纷纷抢夺销售渠道。未来，保险新零售共享经济模式必须从以下三个方面实现去中心化，重构市场合作模式。

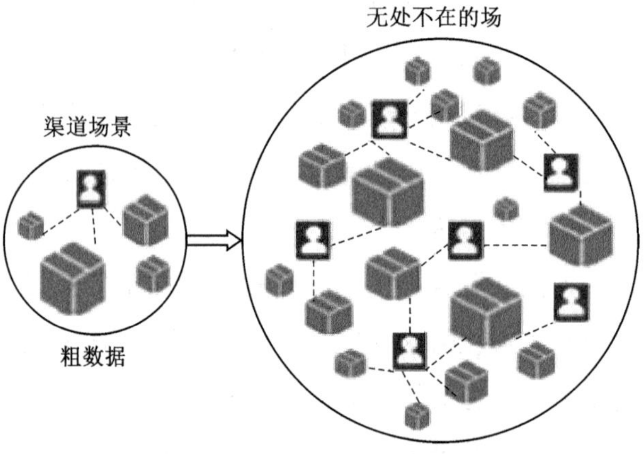

图5-1　去中心化的场景新零售

首先，“保险＋新零售＋共享经济”的营销管理应当从“员工管理”和“渠道管理”转变为“顾客管理”，因为新零售是以顾客流量经营为中心的，顾客流量决定了保险新零售的商业布局。企业应当提高业态布局的灵活

性，业态应该随着顾客流量而动，不能死守实体渠道、官网电商或电商平台。未来，保险新零售平台要以大数据为线索，通过全渠道整合，将商品、交易、会员、营销等大数据信息与产业价值链成员共享，为顾客提供整合无缝化的消费体验。

其次，保险产品的开发与服务也应当建立在产业价值链的基础上，将个性化元素更多地融入产品中。在过去，保险产品的开发脱离于市场，已经难以适应当下的个性化消费需求，未来保险产品的开发要从大众消费视角向小众消费视角转变。因此，在“保险＋新零售＋共享经济”时代，保险公司应开发个性化的保险产品适应当前市场。

最后，共享经济推动了渠道触点的共享化，保险公司与用户之间的触点将会无处不在，消费场景间的界限将被打破。因此，保险公司要突破传统的场景思维，不断拓展碎片化渠道，并打破渠道中心化格局，深度整合场景资源，塑造丰富的购物场景。

（二）通过人工智能支持共享新零售全流程

基于共享经济思维，保险新零售模式可以通过平台技术将销售功能共享给顾客，让顾客通过自身人脉渠道推广商品，建立大众保险销售的创业平台。该模式通过共享新零售的运作，借助于数字化运营，依托于大数据、云计算、人工智能的应用，减少共享资源的协作损耗成本。在数字技术的支持下，通过自然语言处理、机器视觉、机器学习等方式识别人类思维信息，资源共享者只需要通过简单的操作即可完成任务，不需要额外了解过多的复杂信息，交易完全由人工智能完成。

（三）线上线下的融合共享

共享新零售不仅仅是线上虚拟资源的共享，其共享内容还可以从线上拓宽到线下，将线下资源纳入线上共享新零售平台体系。为此，保险新零售平台应整合线上和线下的保险业务，实现线上、线下渠道的协同一体化，构建全渠道体系内资源可视化，通过信息科技建立闲置资源的识别、转移、交易等机制，以及免费、收费或利益互换的共享机制，将实体和虚拟资源使用权让渡给平台成员，促进资源跨时间、空间、介质的共享转化，扩大保险共享新零售的共享边界，开拓更广阔的市场。以国美共享新零售为例，它彻底实现了线上和线下渠道的一体化，采用全渠道统一的品类、价格、促销、库存、物流和服务，促使共享新零售实现跨渠道无缝共享，吸引了广大共享零售者的加入，盘活了线上和线下资源，形成了线上和线下相互引流之势。国美这种共享新零售模式值得我国保险业学习借鉴，即通过线上和线下渠道的融合构建保险共享零售的发展基础，消除多渠道的功能跨界问题。

(四) 多层次的全生态共享平台

共享新零售的核心是"人人皆流量，人人都零售"。共享新零售依赖于平台提供全方位全生态的共享机制。首先，这需要利用平台的流量效应和平台技术，让顾客通过平台分享产品信息，通过平台完成保单交易，平台需要努力提高产品的展示能力与服务能力，为顾客创造共享零售的渠道链接，无缝整合共享端数字化；其次，平台要构建专业化、一体化、全渠道的碎片式场景体验，深度整合全渠道资源，帮助共享零售者完成个性化产品销售；再者，完善前端服务价值链，通过共享保险前端价值链服务来最大化利用闲置资源，分摊固定资产投入成本，提高服务模块的使用效率。最后，社交平台将是共享新零售的重点布局方向，社交平台是共享零售者构建销售的通道，微信、QQ、微博、抖音、斗鱼等都是重要的社交媒体平台，也将是共享新零售商业的战略合作企业。

第五节　保险新零售的意见领袖驱动模式

一、意见领袖驱动的含义

在企业与消费者的价值共创中，消费者不仅会帮助大众认知产品及其品牌价值，而且会参与到企业运作以及产品开发当中。尤其是专业能力较强，以及拥有粉丝等特殊资源的消费群，他们在价值共创中的作用更为突出。目前而言，有两类消费群体非常值得企业关注：一类是凭借专业知识、专业技能或特殊魅力拥有粉丝流量的意见领袖，他们的评价、喜好、经验将主导规模群体的消费偏好；另一类是拥有良好社会资本的消费者，他们有广泛的人脉资源，是社交网络的中心。

第一类消费群体以专业性数码科技类自媒体为例，这些自媒体通常拥有比普通人更多的数码产品使用经验与专业知识，并且能够获得第一手数码科技产品的情报信息，通过对不同数码品牌的探索和研究，为粉丝人群科普知识，对新上市的数码产品进行测评，正好弥补了数码产品的高介入度、试错成本高的痛点，吸引大量消费者关注。因此，意见领袖对产品的推荐意见更容易让人们产生信任。例如，网络红人通过新品评测介绍、多品牌比较、试用体验、一手情报等信息传播手段，就能影响到普通消费者的消费决策。这也促使部分企业重视社交媒体中专业性意见领袖，试图通过与他们的营销合作共创产品价值。

第二类消费群体是以社会资本见长的消费者，相比而言，他们对普通消费人群的影响力不如网络红人，但这类人群是广大普通消费者的社交网络中心，这类人群的优势在于身边的人更熟悉和信任他们，而熟人之间的产品推荐更容易被消费者认可。例如，最常见的人脉型意见领袖营销模式便是微商，他们一般通过朋友圈做熟客生意。

二、意见领袖驱动的逻辑

在改革开放初期，我国的消费市场是相对静态的，即以产品供给为主，企业通过协同和整合组织资源进行产品制造以及渠道分销。在以供给为主导的商业环境下，企业的规模化生产与组织协作是企业成功的重要因素，企业的产品营销策略也是以传统的4P营销理论框架为主，即从产品（product）、价格（price）、渠道（place）和宣传（promotion）四个方面来促进产品的销量。然而，进入互联网时代后，消费者能借助互联网迅速对产品形成反馈评价和传播，打破了企业单向供给的市场格局。在互联网环境下，消费者的话语权迅速提升，从而使消费者对企业生产形成了支配力，并推动了企业与消费者之间的互动。

移动社交网络的迅速发展，不仅使传统企业与消费者之间的互动模式发生了变化，而且改变了传统企业的产品营销模式。首先，移动社交网络加剧了市场竞争。在过去的市场竞争中，企业的目标是开发一款适销对路的产品，从而长期占领市场并获得高额利润。然而，在移动互联网时代，意见领袖驱动型的消费行为使产品推陈出新的节奏加快，企业营销走向短周期。其次，移动社交网络加强了消费者的话语权，增强了消费体验的口碑即时性，并提升和扩大了口碑传播的速度与覆盖面。在这种环境下，企业的单向营销传播收效甚微。在消费者行为具有话语权的现状和趋势下，企业间的营销合作模式演化为企业和消费者之间的合作。最后，移动社交网络增强了消费者与企业互动的紧密性，使企业与消费者之间的联系更加通畅、有效。

随着网红经济的兴起，企业与消费者互动的价值共创营销模式开始出现。其中，依靠新兴社交平台传播的社群营销模式成为企业销售量上涨的新突破口。部分企业开始请网络红人在社交媒体平台中为其品牌进行宣传或代言，依靠网络红人的粉丝流量强化与消费者之间的互动，以加强消费者对其品牌的认知和忠诚度。然而，由于企业与意见领袖之间的合作模式刚刚兴起，双方互利的合作机制尚未完善，这成了广大企业营销转型面临的难题。

三、保险企业与意见领袖合作关系的演进

(一) 识别关键资源，构建动态能力

微博、公众号、直播平台、短视频等社交媒体平台的兴起，拉近了保险公司和消费者的距离，双方可以通过社交媒体平台便捷地进行沟通。其

中，部分消费者会通过社交媒体发布高质量的经验分享、知识科普，为他人解释或提供信息，得到其他普通消费者的注意与认同，形成意见领袖带动普通消费者的营销模式。以服饰产业为例，我国多个社交媒体平台都有服装类博主，博主通过发布独具风格的服装搭配照片、小视频或直播，吸引大量爱美的女性消费者，从而成为服装时尚领域的意见领袖。

保险公司可以通过在线消费者的交流信息对顾客价值进行聚类分析，从而发现某些领袖消费者在特定产品领域的引导力，即当意见领袖推荐某个品牌时，那些关注意见领袖的消费者就会认可这个品牌，其购买意愿也会更强。以智能手机为例，我国目前有很多手机品牌，各品牌的价位、设计、功能、系统、硬件、拍摄等方面也有较大的差异，但普通消费者由于缺乏专业知识，很难挑选最适合自己的手机。因此，他们一般都会关注数码达人的推荐，并且与其他粉丝来讨论和互动。基于这种现状，部分自媒体会直接提供商品的购买链接，从而使粉丝流量直接变现。因此，在这个阶段，保险公司应当基于意见领袖的价值定位、粉丝流量、专业能力、互动热度、评论质量等因素，选择最适合与本品牌合作的意见领袖，并邀请他们在社群媒体中积极传播本品牌的相关信息。总而言之，保险公司需要识别与开发意见领袖拥有的关键资源，才能将意见领袖转化为合适的商业合作伙伴。

（二）保险机构与意见领袖资源共享

当保险公司选定引导产品销售的关键意见领袖后，保险公司便开始与意见领袖合作，把意见领袖作为保险公司与普通消费者的交易连接点。在此阶段，意见领袖依靠个人的独特魅力获取流量与信任，并把流量与信任转化为消费者的购买行为。从资源视角来看，意见领袖的工作是通过对产品发布专业性的见解，赢得了普通消费者的广泛关注和认可。这种流量资源还有商业化开发的空间，意见领袖可以将个人知识、经验、魅力等资源共享给保险公司品牌，与保险公司开展合作，比如利用闲置时间参与保险公司的新品发布活动。

随着意见领袖将流量资源进行共享，这将吸引保险公司寻求意见领袖参与营销，这也刺激保险公司通过资源共享的方式对意见领袖提供赞助，增强意见领袖与普通消费者的互动黏性，即资源交互。比如，保险公司可以为关键的意见领袖开放更多的专属权限，通过产品赞助、与粉丝的互动等多种形式的活动，推广保险产品。再如，对于尚未正式上市的产品，保险公司可以根据意见领袖与粉丝的反馈意见，对产品进行改良后再正式上市。除此之外，保险公司还可以邀请意见领袖进入产品设计团队，共同设计出新风格的产品。在销售渠道方面，保险公司可以为意见领袖提供交易性后端支持，让普通消费者通过点击意见领袖的链接即可进入交易平台进行购买，有利于意见领袖的流量资源变现。在保险公司与意见领袖共享资源的过程中，保险公司通过产品赞助、设计体验、技术支持等途径为意见领袖提供加深粉丝忠诚度与参与度的关键资源，而意见领袖也通过吸引用户流量和信任提高了保险产品的销量。

第六节　保险商业生态圈模式

一、保险商业生态圈的含义

商业生态圈概念源于生态学理论，它采用自然生态系统的共生理论来解释互联网时代下产业组织系统的行为。商业生态圈是指以相互作用的组织及个人为基础的经济共同体。在商业经济中，客户、供应商、主要生产商、竞争对手、互补产品生产商、投资者、贸易合作伙伴、标准制定机构、工会、政府、社会公共服务机构等具有一定利益关系的组织或群体相互竞争、相互合作，并构成一个动态的经济联合体。各个角色在这个联合体中的行为都是由利益驱动的，并且不同角色追逐的利益点也不同。因此，每个角色在生态系统中都具有独特的地位，它们在短期内呈现相互制约或相互依存的关系，如创新企业淘汰传统企业、公众舆论制约企业、消费者选择企业。但是，从长期上来看，它们之间又存在共生性关系——所有商业生态圈内的角色都必须依赖其他角色的发展才能长期存在，犹如自然生态系统中食物链下层物种的不足会导致上层物种的消亡。

保险商业生态圈是指由投保人、被保险人、保险公司、保险经纪公司、商业银行、保险科技公司、第三方服务公司以及政府监管机构等构成的动态经济联合体。在这个联合体中，不同的保险公司、保险经纪公司、商业银行、保险科技公司、第三方服务公司相当于生态系统内的不同种群，企业的分工组织网络形成了生态组织结构。在保险新零售模式下，保险商业生态圈应当吸引差异化定位的企业，实现保险生态环境的多样化和平衡性，以及跨生态系统的迁徙合作。

二、保险商业生态圈的特点

尽管商业生态圈具有动态平衡的特点，但是对于个体企业而言，新零售变革发展仍然是一种不确定性的创新活动，属于高收益、高风险的投资转型。保险商业生态圈是由多元主体构成的产业组织形态。保险市场环境、行业发展、市场需求和技术进步共同组成了多维空间结构，所以组成结构是十分复杂的，生态圈组织间的相互作用难以预测，任何新物种的加入都可能“牵一发而动全身”。

（一）动态平衡

商业生态圈是一种具有自发生命力的产业组织形态，具有新物种孕育的功能。不过，生态圈内的组织与个体也根据“食物链”关系展开竞争。因此，商业生态圈内的各物种既存在协同共生，也存在竞争博弈，这两种关系的动态平衡决定了商业生态圈的物种结构。对保险业而言，保险公司雇用第三方企业和科技人才帮助其业务创新，同时第三方企业为其提供销售、理赔、投资、核保等一系列保险服务。第三方企业也依赖于保险公司与科技公司而存活，保险公司通过人才和服务资源才能专注发展核心职能。这些企业相互协同共生，共同构成了保险商业生态圈，从而为市场提供更具效用的产品和服务。这些产业要素在生态圈中各司其职，推动保险行业实现整体、稳健的发展和变革。

信息科技的发展孕育了保险生态圈内的新物种，保险新零售便是其中之一。新物种的出现势必打破原本保险生态圈的平衡，引导生态圈中各要素的自我迭代、转型升级、兼并融合和消失死亡，即生态圈中各要素都基于自身食物链利益而改变自身，以适应新生态的发展趋势。这种演变过程就是生态圈的动态平衡过程。

（二）多层次性

商业生态圈与自然生态圈一样，物种多样性程度决定了生态圈规模的增长程度，多样性物种的交叉组合有助于生态圈健康、持续发展。对于保险业而言，狭义上的生态组织包括保险公司、保险经纪公司、保险代理公司、理赔公司、查勘公司、保险院校、金融机构等，广义上的生态组织物种数量较多，还包括政府、互联网公司、科技公司、医疗公司、智能设备公司、新零售公司等。商业生态的物种多样性、差异化构成了互利共生关系，避免了直接恶性竞争。商业生态圈的多层次性受外部环境的影响，如经济环境、法制环境、社会环境、技术环境等。外部环境一旦发生变化，就会造成新物种入侵和旧物种淘汰。

（三）开放性

商业生态圈中新物种的形成与创新活动密不可分，因为保险业成本较高，业务规模庞大，投资具有较高的不确定性，所以具有一定的创新风险。保险商业生态圈的开放性就决定了必须要提高保险市场的透明度，管控创新活动的风险，提高保险新物种进入的自信，只有坚持开放性原则，保险商业生态圈才能获得动态性成长，有助于保险生态圈健康。只有消除生态圈的壁垒，坚持开放性建设，建立保险生态圈要素结合机制，才能发挥物种生存的协同效应。

从保险新零售生态圈来看，构建开放式的保险新零售生态有助于引入外界要素，建立行业内部要素的竞争机制，加强产业内部和外部的能量交换、价值增值、价值传输等。对于保险新零售行业而言，外界行业主要包括互联网科技行业、医疗行业、汽车行业等，这些行业是生态圈的外部圈层物种，但对保险业务和营销创新提供了重要能量，尤其是核心数据、技术和渠道。此外，开放式创新有助于生态圈内各圈层之间的交叉渗透和创新效应的扩散，从而加快生态圈的动态平衡速度。

（四）自我调节性

商业生态圈的自我调节能力包括恢复能力和抵抗能力。其中，恢复能力是指商业生态圈遭受内部或者外部负面冲击后，通过内生性作用恢复原有生态功能的能力。比如，保险新零售生态内的细分行业如果发生政策性风险，那么替代者将填补其生态位，从而使产业生态恢复原本的功能和效率。大部分情况下，生态圈内物种的数量层次越多、越复杂，生态圈的恢复速度就越慢。抵抗能力是指商业生态圈抵御外部干扰的能力，即生态圈应对系统危机的主动防护能力。比如，保险公司通过培育新科技储备人才应对业务变革。大部分情况下，商业生态圈内的组织层次越复杂、物种多样性越多，其风险抵抗能力也就越强。

三、保险商业生态圈的实践路径

（一）重构场景生态边界

在新零售时代下，商业生态圈是以消费者为中心的价值生态网络，该生态网络通过平台企业整合生产要素，促进生态圈全面发展。因此，保险公司应当突破传统保险的思维模式。从行业边界思维升级为场景化思维，从场景延伸的思路来构建新生态圈。保险新零售平台应当遵循消费者的场景延伸逻辑，逐步向医疗、汽车、金融、旅游、家居、零售等行业延伸，逐步向目标市场提供多元化产品与服务。保险新零售商可以学习小米公司的成功案例，小米公司便是从手机硬件逐步向家电、笔记本、可穿戴科技设备、日用品、通信设备等领域延伸。这是从用户场景出发重构边界的经典案例，未来保险新零售应当识别生态圈要素的核心功能，以用户场景为中心，积极建立开放机制，逐步引导合作伙伴的加入。

(二) 打造产业价值链闭环

新零售生态圈构造的目的是为顾客提供极致体验，这需要协调线上与线下的资源，用场景化的思维模式进行新零售组织的创新以及新零售产业价值链的整合与重塑，由中心企业掌控全产业链的资源生态，获取顾客产品及相关发生的一切利润。

保险业可以以保险服务领域为突破口，打造产业价值链闭环。以医疗保险为例，过去健康医疗保险的理赔审核过程较为冗杂，现在第三方理赔外包公司(third party administrator for group medical insurance, TPA)将为保险公司和医院提供中间服务。同时，TPA 公司也将引入健康管理的服务体系，为客户公司开发理赔物流查询、客户反馈、保险咨询等服务。在 TPA 公司的进一步延伸下，也将开拓健康医疗体验课程、健康保险销售、健康食品补品、智能可穿戴设备等领域，为保险公司的顾客提供有关健康医疗场景的全方位生态体系，帮助用户达到健康需求的极致体验。

(三) 建设生态圈基础设施

尽管新零售生态圈是以消费者为中心的，但是从供给视角而言，平台企业仍然处于生态圈物种的中心地位，因为平台掌控着顾客流量和大数据，这是构建消费者中心价值导向战略的先决条件。企业在具备多元化的生产要素基础设施的条件下，可以采用生态圈多元化的战略，这有助于孕育和滋养生态圈物种的生长，尤其是大数据、云计算、区块链或人工智能的商业赋能，信息科技是生态圈内孵化培育新兴物种的基石。随着保险新零售生态规模的扩张，保险生态圈的生物多样性会不断丰富，越来越多地依附于保险公司生态圈的新兴行业，也迫切希望生态圈基础设施能反哺整个保险新零售生态。

新零售商业是指个人、企业以互联网为依托，运用大数据、人工智能等先进技术手段和心理学知识，对商品的生产、流通与销售过程进行升级改造，进而重塑业态结构与生态圈，并对线上服务、线下体验以及现代物流进行深度融合的零售新模式。近年来，关于新零售商业与农业、制造业、服务业融合的案例越来越多，但是大多模式的信息科技基础仍非常薄弱，科技的技术含量不足以对传统产品供应链起到颠覆效果，更难提及对新业态的重塑能力。对于保险行业，保险新零售模式必然要站在传统保险的"肩膀"上，以保险科技作为保险新零售生态圈的基石，同时进一步在科技边界上探索延伸，通过兼并、孵化等途径，以平台企业为中心，建立开放式的生态环境，通过动态平衡加快技术与商业模式的融合，构造"保险＋新零售＋生态圈"的协同演化。

（四）构建开放式平台生态

如前文所述，开放性是商业生态圈循环成长的关键属性，过于保守的产业生态导致生态圈功能不能与时俱进，无法适应消费者的新需求。因此，开放式平台必将成为保险新零售生态的中心。顾名思义，生态圈的开放性是指生态圈通过积极引入外部物种，使生态圈的价值属性和维度不断提升，并通过内部的开放共享机制，让要素资源在生态圈内高速流动。保险新零售可以将平台资源向社会开放，通过引入用户、业务、资本等多层次生态突破企业的生态边界，并通过生态内的合作共生关系，打造人人共享、价值共创的利益分工机制。

未来，保险新零售生态可以借鉴阿里巴巴集团的开放式生态平台模式，整合庞大的个人营销员队伍，通过平台赋能帮助营销员构建营销产品的信息技术解决工具，如营销文案、交易机制、个人品牌塑造等，并通过平台现有资源赋能引入海量保险营销员的加入，以"人海战术"扩大保险平台的辐射半径。

（五）强化互利共生机制

商业生态圈在引入新物种后，还应当加强互利共生机制，让生态圈内的各物种形成共生、互生和再生机制。这有别于传统利益相关的战略联盟。具体而言，共生代表了平台、企业和顾客之间的价值共创机制；互生代表了生态圈内各物种之间的相互依存关系，即各物种之间相互依赖而不能相互排斥；再生代表了生态圈能将资源进行组合，创造所有物种个体无法实现的价值。例如，阿里巴巴集团在2016—2018年通过兼并收购完成了新零售"八纵"布局，如表5-1所示。

表5-1　阿里巴巴集团新零售的"八纵"布局

项目布局	项目业态
品牌主阵地	天猫
家电数码	苏宁
服饰百货	银泰商业、百联集团
快销商超	盒马鲜生、大润发
家居家装	居然之家
本地生活服务	饿了么、口碑
城市乡村双路通	农村淘宝
社区小店	阿里零售通、天猫小店

首先，兼并实体商业是保险行业布局新零售的重要举措，因为未来消费者的行为习惯必将是线上和线下渠道的自由切换。过去，由于网上店铺无须缴纳店铺租金，其商品售价较低，消费者只要在家动动手就能买到来自全国各地的商品，而且价格也更低。不过，由于线上购买无法直接感知产品的差异和特色，因此，消费者的消费体验容易与预期出现偏差，购物满意度存在上升"瓶颈"。为了弥补线上销售给消费者带来的认知偏差，未来，保险新零售应当协同布局实体和虚拟商业，这样也可以解决线上咨询和理赔的便利性问题。实质上，保险行业布局新零售结合了实体商业的"可触碰性"和线上商业的"便利性"和"高性价比"的复合体验价值，实现了O2O服务模式。

其次，保险新零售商应当整合价值链后端的理赔服务，与国内理赔服务性行业建立协同生态，引导理赔行业从外部交易转变为内部交易，以消除各种成本。同时,保险新零售商应提高理赔质量,加强保险的售后服务,在消费者中建立起良好的口碑。

最后,保险新零售平台可以学习阿里巴巴集团旗下的淘宝、天猫、支付宝等平台的经验,利用稳定的高流量优势,通过新零售商业大数据服务和线上流量分享,实现线上引流和顾客留存。比如,阿里巴巴集团的线上与线下商业交易都能享受集团旗下的花呗服务、支付宝会员服务等,并以此降低获客成本。同样,新零售平台也可以建立自身的社交网络、金融服务、移动渠道等体系,相关企业入驻保险新零售平台后,能顺利实现现代移动商业应用,并让线上、移动和实体渠道的交叉应用功能实现共享。

第六章 现代信息科技在保险新零售中的应用

第一节 5G 通信技术在保险新零售中的应用

5G 通信技术是指我国第五代移动通信技术，5G 通信技术的出现催生了基于智能手机的一系列移动互联网商业模式。5G 通信技术的关键能力指标比 4G 通信技术有了显著性突破，它能够提供高达 10Gb/秒的数据传输速率，5G 通信技术将全面推动数字化商业的发展。

一、5G＋VR/AR 技术的应用

5G 时代下，数据传输速率的提高解决了虚拟现实/增强现实（VR/AR）技术的应用难题，保险公司可以采用声、光、电等技术设备将复杂的保险产品实体化，通过虚拟场景直接展示保险产品的承保范围和免责条款，还能引入保险产品的虚拟体验。例如，消费者戴上虚拟现实（VR）头盔，就能直接感受保险事故发生的场景，还可以进一步开发全息投影来模拟实施远程救援的场景，使消费者感受到保险的价值。

二、5G＋自动驾驶技术的应用

自动驾驶将是未来交通智能化管理必不可少的解决方案，但是全路段自动驾驶需要5G通信网络的支持来构造全息交通1GB/秒的网络环境。通过5G网络高速性、高效性、遍布性的带宽，自动驾驶车辆将不会失去联系，车辆随时随地都能对道路状况了如指掌，从而为汽车保险建立了物联网大数据平台。汽车保险新零售可以借助5G自动驾驶技术推动汽车保险生态价值链的变革。无人驾驶技术将大大降低事故发生的概率，保险公司的赔付金额将大幅降低，汽车保险的产品随之也会发生改变，传统的车险产品可能消失，新的产品可能产生，汽车保险的产业价值链也随产品的变革而不断变化。

三、5G＋远程医疗技术的应用

如今，随着5G网络和低延时通信技术的发展，可穿戴设备在医疗临床中将会得到进一步开发应用，如远程诊断、远程手术和远程健康咨询等。5G网络是医疗模式变革的技术基础，我国可以通过网络覆盖解决偏远地区的医疗问题，有助于打通"保险＋新零售＋医疗"模式，构成无缝化服务的保险商业闭环。通过新零售思维整合了医疗过程的所有保险服务，如医疗保险、医疗责任保险等，使保险逐步渗透到医疗领域，提高消费者对保险的认可度，使消费者乐于主动购买医疗保险，享受保险的保障作用。

四、5G＋大数据体系

随着5G技术与物联网技术的发展和应用，现实生活中每个人的个人信息和数据都得以保存，并在计算机世界里尽可能地被复原为用户画像，这给保险营销提供了便利。具体来说，保险公司的营销人员可以根据客户周边的物联网家居设施、客户身上的可穿戴设备反映的数据，对客户的个人喜好和习惯进行精准分析，给客户画像，确定客户的即时保险需求,并进行实时推送,将潜在的保险消费者转换为真实的客户。例如,保险公司可以通过带有智能传感器的鞋子采集到某人的运动数据和运行轨迹,从而发掘其对健康的关注程度,分析其可能面临的风险,并通过保险营销员的跟进推动健康保险、意外伤害保险等相关产品的销售。此外,保险公司还可以在智能穿戴等移动应用软件里植入与保险产品相关的宣传广告。

第二节　云计算在保险新零售中的应用

从广义上讲,云计算是与信息技术、软件、互联网相关的一种服务。它顺应了当前社会化分工的大趋势,通过软件对计算资源进行统一管理。借助云计算技术,保险公司无须在烦琐的细节上花费不必要的精力,可以专注于自己的主营业务,提高经营效率,降低经营成本。同时,云计算技术的应用也降低了人为操作风险,为保险新零售模式提供了技术保障,这对保险业的发展具有重要意义。

一、解决信息不对称现象,防范道德风险

随着云计算技术的成熟和相关政策的完善,保险行业 IT 基础平台转向云计算已是大势所趋。云计算的数据中心集合了众多的保险数据,可以帮助保险公司解决信息不对称问题。长期以来,我国保险业一直面临诚信缺失问题,这严重影响了我国保险业的发展。诚信缺失问题的产生,既有营销人员销售误导等原因,也有投保人违反告知等原因。因此,云计算数据中心的建立,一方面有利于监管机构对于保险公司的监督和管理、保险公司总部对于分支机构服务质量的管控;另一方面也有利于信息平台的公开透明,使客户可以在使用信息平台的过程中充分了解保险合同信息,自由选择险种。此外,云计算技术的应用还有利于保险公司了解客户之前的投保、理赔信息,从而做出承保或拒保等决定,从源头防范骗保风险的发生,维护自身的合法利益。

二、促进保险业信息化，提高保单服务质量

云计算技术的应用可以提高保单服务的连贯性。长期以来，由于保险营销员的整体素质不高、流动性大，保险公司对于相当数量保单的服务连贯性较差。云计算技术的应用将使保单的信息集中到保险公司分公司或更高层次，使得营销员的流动对于保单服务质量的影响大大降低，进而增强保单服务的连续性，提高保单的服务水平。从理赔服务方面看，保险公司可以利用云计算技术与医院、车辆定损部门联合，一旦被保险人出险，保险公司可以在第一时间掌握被保险人各方面的情况，并快速及时地做出理赔，提高保险服务的水平和质量。从而获得客户的认同感和好评，为续保打下良好的基础。

三、提高经营效率，降低经营成本

云计算技术的应用将大大提高保险公司的信息化。例如，它可以提高签单、理赔等手续办理效率，降低信息保存成本。此外，云计算技术还可以大大提高保险公司的经营效率：一方面，利用第三方销售平台出售标准化的保单，将大大扩宽保险产品的销售渠道；另一方面，营销网络化使保险公司可以更多利用碎片时间向移动网络用户宣传保险产品，展业效果和效率将得到大大提升。此外，云计算技术可以提供更精准的风险管控方案和定价模型，评估和防控风险，打破传统保险产品定价模式，推动保险精算水平和精算效率的提升。

第三节　大数据技术在保险新零售中的应用

大数据（big data）是描述互联网时代下海量数据流量的一个术语，是指无法在一定时间范围内用常规软件工具进行捕捉、管理和处理的数据

集合，是需要新处理模式才能具有更强的决策力、洞察发现力和流程优化能力的海量、高增长率和多样化的信息资产。大数据的主要特征为数据量大(volume)、数据类别复杂(variety)、数据处理速度快(velocity)和数据真实性高(veracity)，合起来被称为4V。保险行业的数据也正好符合这四个特征，因此，大数据在保险业的应用也就越来越广泛。

一、在保险产品方面的应用

在大数据时代，风险特征的描述被极大丰富，数据资源的获取也将越发便利。在车险领域，基于驾驶人行为的定价模式已逐渐被越来越多的保险公司运用在产品创新中，保险公司不仅能获得车型数据、汽车零整比数据、二手车数据，还使用车载传感设备收集驾驶员的驾驶行为风险，开发相应的车险产品。在人寿保险领域，保险公司利用智能可穿戴设备能够实时监控人体的健康情况，如运动量、睡眠、心跳等，弥补了生命表对于洞察细分群体的人体健康及生死概率的能力不足的问题。精算师通过对海量数据进行回归分析，精确地识别和确认个体对象的潜在风险，产生一种将大数据方法融合在精算理论之中的、演进的保险精算方法，从而设计出更适合消费者个体的保险产品。

二、在保险营销方面的应用

在保险营销实践中，不同用户群体的价格敏感程度存在差异，并且需求也随着时间、地点和环境的变化而变化。大数据可以通过交易数据、用户行为数据和竞争对手数据进行多维度分析，通过合适的保险消费场景来为用户提供服务产品以及促销优化模型，从而达到交叉营销、精准营销。

大数据通常包括用户在网络留下的点击频率、浏览偏好、使用促销类型(降价优惠券)、促销时间和购买记录等信息，保险新零售将进一步整合行业关联方大数据，构造用户人际关系的知识图谱，推测用户的保险需求，实施精准营销和推荐。此外，大数据可以有效挖掘现有客户的价值，进行交叉营销。例如，中国平安保险集团前身是平安产险公司，目前已成为横跨保险、银行、投资和互联网金融四大板块的综合型金融集团。中国平安保险集团正是利用“一账通”，使保险客户、银行客户、投资客户可以通过一个账户获得全方位的综合金融服务，促进旗下各业务板块开展客户迁徙，推动交叉销售。

三、在客户管理方面的应用

大数据技术可应用于环境分析、价值分析、流失分析和购买分析等方面，以有效防止客户流失。保险公司通过大数据分析手段综合考虑客户信息、险种信息、既往出险情况、销售人员信息等，对客户进行细化分类，分析客户价值与期望，筛选出高质量用户群，做好重点的客户关系维护，减少流失可能。保险公司还可以通过大数据挖掘算法识别客户的购买习惯，推荐契合度较高的一个或多个产品，引导客户购买多个产品，提高客户黏性；此外，提供个性化服务，进而提高客户满意度，减少流失可能。例如，美国前进保险公司(Progressive Insurance)在进行数据研究分析时发现，理赔周期越短，理赔费用也随之减少。因此，公司建设“自动理赔管理系统”，以加速解决客户理赔问题。使用新系统后，不但大大缩短了前进保险公司的理赔周期，使其从保险业平均理赔周期的 42 天缩短为只需 6 天，而且显著提高了客户的满意度，客户流失率下降了 2/3，续保率达到了 90%以上。

四、在保险理赔服务方面的应用

大数据将为业务体系提供决策支持，并提供传统保险商业缺乏的增值服务，提高顾客体验。基于大数据价值挖掘的特点，保险公司通过大数据的分析结果，为顾客提供场景化风险防范服务，还可以通过物联网系统来对投保人或者标的物的动态信息进行评估，对可能造成损失的事件实施智能感应和损失测算，进而对风险状况实时监控。一旦出现风险问题，警报信息将立即触发于云平台，由云平台立即通知顾客或相关方，并提供措施解决方案，有助于顾客最大化减少损失，达到防灾防损的目的。

此外，借助大数据手段，保险公司可以显著提升反欺诈的准确性和及时性。保险公司可以利用理赔历史记录、保单信息、其他保险公司数据、医疗保险数据、事故统计数据、征信记录、犯罪记录、社交网络数据等信息，通过大数据模型自动识别出理赔中可能存在的欺诈模式和理赔人潜在的欺诈行为等，防范欺诈风险的发生。

五、在创新业务模式方面的应用

过去，保险公司注重通过数字技术改善现有的流程，未来，保险公司将更加关注如何利用新技术对商业模式进行创新。随着论坛、博客、微博、微信、电商平台、点评网等媒介在移动端的创新和发展，公众分享信息变得更加便捷自由，而公众分享信息的主动性促使了“网络评论”这一新型舆论形式的发展。成千上亿的网络评论形成了交互性大数据，其中蕴藏了巨大的保险行业需求开发价值，值得保险公司管理者重视。如果能对网上保险行业的评论数据进行收集，建立网评大数据库，然后再利用分词、聚类、情感分析了解消费者的消费行为、价值取向、评论中体现的新消费需求和企业产品质量问题，以此来改进和创新产品，量化产品价值，制订合理的价格及提高服务质量，那么就能从中获取更大的收益。

第四节　人工智能在保险新零售中的应用

人工智能是计算机知识体系的一大结构，其研究内容是构造一种对人脑思考过程模拟的算法，让机器能够学会人脑思维的结构部分，并通过机器硬件的优势来延伸和扩展计算能力，模仿人类完成一些需要自主思维能力的工作活动。计算机是使用预先设定好的算法，代替人去完成一些需要高计算量的工作，而人工智能是让机器学会去“思考”，并完成高计算量的工作。

一、智能产品

人工智能通过机器学习的算法来替代绝大多数人工操作，有助于提高保险产品开发的效率。借助机器学习的模型校验法能够大幅缩短精算假设的测试时间。所以，以消费者需求为驱动的新零售，必然要借助人工智能来提升保险产品的创新效率，并借助其他保险科技作为辅助工具，强化保险公司的自主创新能力。比如，构建新零售物联保险平台，通过智能穿戴设备的物联网与机器知觉技术，收集广大消费者的生命特征与健康数据，从而构建大数据精算表，与人工智能系统协同开发保险产品。

如今，一些保险公司已经利用可穿戴技术来实施保险创新，以众安保险与乐动力、小米运动的合作为例，通过可穿戴设备来监测消费者的运动状况，结合健康保险的基本原理推出了“步步保”的创新型健康保险产品。同时，长生人寿也与37度科技在可穿戴设备上作出了努力，通过可穿戴设备来采集消费者的生命特征，并推出了创新型癌症大病保险产品，在提供保险服务的同时给消费者提供了一套控制疾病的措施，主动保护消费者。

二、智能营销

借助人工智能技术，保险营销将通过精准推荐使智能顾问与消费者建立交互联系，人员销售的作用将会减少。首先，精准推荐是现阶段最成熟的营销方式，能通过用户的生命周期、理财偏好、消费能力、家庭结构等特征信息，构建一个用户画像，在多维尺度、有效判别等机器学习方法下，通过各种场景化渠道向用户推荐个性化产品，保证推荐产品的精确性。其次，通过深度学习来建立自然语言处理技术，能对文字、图像、音频等信息进行有效识别，与客户建立智能问答交互，解答顾客的疑问，客观引导消费者购买保险。

车险在我国财产险市场占比较高，它也是大多数财产险公司的现金流支撑。而车险市场的道德风险发生可能性较高，也更依赖于差异化定价。在车险精算的因子中，车型、车龄、里程数、配置、出险经历都是重要的定价依据。不过，车险定价一方面涉及车的因素，另一方面人的行为也是一个重要因素，在大数据发展的当今，通过大数据来收集车主的身份特征已经不是难事，人工智能可以根据车主与投保车辆的大数据，通过机器学习、深度学习等算法建立精算模型，实现车险差异化定价。

在人工智能与车险的结合方面，我国不少保险公司已经作出了努力。以 2018 年蚂蚁金服推出的“车险分”为例，它是以芝麻信用作为基础，并通过消费者的借贷历史、购物历史、职业、驾驶习惯等大数据，智能测算车主的风险画像。蚂蚁金服对“车险分”予以 300～700 分的浮动分数，得分越高代表车主风险越低，出现事故的可能性越小，有助于降低车险保费。

三、智能核保

过于烦琐的理赔流程往往不受消费者的欢迎，因此，保险公司要加快理赔速度，而加快理赔速度必须依赖机器视觉技术、自然语言处理等人工智能技术的应用，通过此类应用才能提高理赔速度和服务质量。在被保险人发生风险事故时，被保险人只需要以拍摄相关照片或远程视频等方式与保险公司联系，而保险公司通过人工智能来识别是否发生风险事故，以及损失金额，从而实现快速理赔。同时，通过机器学习和大数据决策模型，有效地识别欺诈风险，并实时发出预警提示，从而降低保险的赔款支出和欺诈损失。以车险为例，如汽车一旦发生了碰撞等损伤，只需要车主拍摄相关照片并上传到保险公司指定的系统，保险公司通过人工智能来即时判断汽车是否属于被保险人，以及照片的真实性、损伤程度等，便能实现快速理赔，节省去人工勘察核损的时间。再比如，如果被保险人去世，也存在家属冒领生存金的道德风险，那么便能够通过虹膜识别、指纹识别、人脸识别技术来判断被保险人的生存情况，防止生存金被长期冒领的事件发生。

农业保险在图像识别方面的应用比较广泛，并且无人机技术与人工智能技术都在这方面发挥了重大作用。保险公司通过无人机的智能操作系统来自动拍摄受灾情况的照片或视频，然后由保险公司的人工智能系统根据照片来智能测算受灾面积，然后实现精准定损，不用使用人力到现场去费尽心力的勘察，提高了理赔效率，又提高了理赔质量，减少了人为风险因素。

四、智能客服

过去，保险公司的客户服务是由人工电话对接的，人员服务培训十分重要，但是部分中小保险公司会将客户服务外包给第三方公司，导致保险业客户服务质量参差不齐。客户服务的种类很多，其中业务量最多的是产品咨询和理赔服务。理赔服务的客服是压力最大的岗位，因为理赔客服人员最容易遭受消费者的情绪化语言对待，同时保险公司的客户服务投入低，又存在工作时间与服务窗口的客观限制，容易产生客户服务体验差的问题。因此，在未来通过客服机器人解决用户咨询问题，能提高服务的标准化程度，降低人力成本负担。

智能客服机器人以语音识别技术与自然语言处理技术作为支撑，并借助深度学习来建立知识图谱，通过反复学习，能够灵活应对消费者各种不同的语言组织结构，回答一系列与保险有关的问题，并且能提供 7×24 小时的在线服务。在深度学习算法下，客服机器人也将不断吸收问答经验，解答能力也会逐步提升，能让用户感受到标准化的客户服务。

智能客服机器人在我国保险行业的应用案例已经是屡见不鲜，2017 年中国太平洋保险集团便推出了语音客服系统“小慧”，主要用于汽车保险理赔结案的回访，已经实现了与消费者的语音互动沟通，同时回答速度与灵敏度达到了预期效果，并且语气和表达内容不会根据情绪的变化而变化，服务质量十分稳定。

第五节　区块链技术在保险新零售中的应用

区块链技术的特征是去中心化、开放自主、稳定低风险、透明隐匿等，区块链技术建立了区块之间独立对等的关系网络，通过智能化合约建立共识机制，允许交易协议得到自动执行，如图 6-1 所示。在区块链技术的支持下，现有的共享经济和新零售商业将获得进一步的发展和完善。

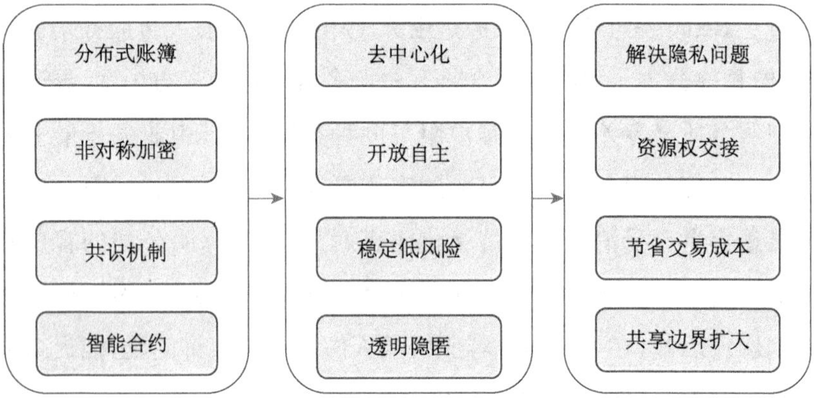

图 6-1　区块链技术的特征

一、风险控制

在保险业经营过程中，由于信息不对称，保险公司与投保人之间一直存在信任问题，一方面保险公司在销售保险产品时，存在销售误导、保险条款不透明以及事故发生后赔偿难等问题；另一方面是投保人利用信息不对称进行骗保、骗赔等。因为区块链技术提供了公共的分类账，分散式数字存储库通过提供完整的历史记录，可以独立验证客户和事务（如索赔）的真实性，因此，如果运用区块链技术，可以实时监测风险状况，记录保单状态，从而构建保险公司与投保人之间的信任。搭建了区块链平台之后，一方面，保险公司可以利用区块链证明模式，通过区块链的公开信息对个人身份信息、健康医疗记录、资产信息和各项交易记录进行验证，做到核保、核赔之时实现十分准确的判断；另一方面，区块链存储用户数据即客户信息独立于承保人存在，数据能够通过客户的公共密钥让第三方获得，保险公司就可以根据完善的行为记录将传统理赔过程中一票多报、虚报虚抵等欺诈行为挡在门外。

以车险为例，通过大数据计算车型数据、修理厂维修记录、汽车重要零部件、人工工时等重要数据，辅以物联网视频采集及人工智能图片识别等技术，能够实现“车、配件、修理厂”精准匹配，并与记录在区块链数据库中的车主信息一一对应，通过智能合约执行，快速完成车险理赔的定损及流程，极大地提升效率并降低了欺诈风险。

二、智能合约

智能合约指在计算机系统上，当一定条件被满足时，可以自动执行的合约。区块链技术的出现，使智能合约从工作原理变成现实，保证了智能合约在存储、读取和执行过程中的透明、可追踪以及不可篡改性，提高了智能合约的可信度。目前，接案—立案—初审—调查—复核—审批—结案是保险理赔的基本流程，其花费的时间少则几周，多则数月；如果保险公司与投保人之间因理赔条件、免责条款等发生分歧，可能要经过更多周折。如此耗时漫长、程序烦琐以及服务质量不稳定的理赔无疑在一定程度伤害了用户的体验。而借助区块链的赋能，保险行业的理赔流程可完成全新迭代，并实现理赔效率的飞速提升。一方面，基于区块链技术的电子发票作为理赔凭证，会在生成、传送、储存和使用的全过程中盖上时间戳，既保证了发票真实性，又节省了人工审核环节，理赔流程大大简化；另一方面，区块链智能合约保证了保险合同、条款的公开透明，一旦满足理赔条件便自动触发赔款流程，大大提高用户的获得感与体验度。

例如，2017年年底，法国安盛保险公司推出一款航空保险产品，该产品通过以太坊区块链上的智能合约存储保险条款。当用户乘坐的航班延误时，会记录在智能合约中，该合约与全球空中交通数据库网络相连。如果航班延误超过2小时，保单持有人将自动获得赔偿。智能合约决定保险公司是否应该赔偿被保险人，并触发赔付系统。使用智能合约来触发索赔，将增加保险公司与投保人之间的信任度。

第七章 保险新零售产业价值链的布局与创新

第一节 保险新零售产业价值链布局的内容

一、保险新零售产业价值链的布局

未来,保险新零售产业价值链的布局如图 7-1 所示,产业价值链发展

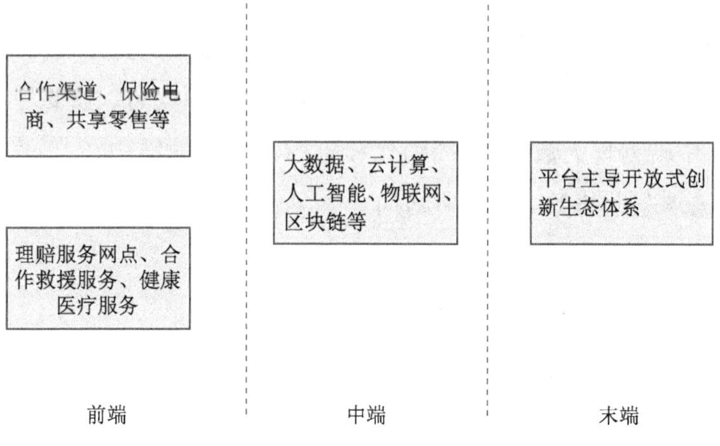

图 7-1 保险新零售产业价值链的布局

与演进受到消费者个性化需求驱动，新零售业态将对传统保险和互联网保险商业流程进行整合。本书提出了图 7-1 中的保险新零售产业价值链的布局，区分成前端、中端和末端。前端包括了传统合作渠道、保险电商、销售人员、社交媒体、移动 App、共享零售、跨界渠道、IoT 设备等销售渠道，还有理赔服务网点、合作救援服务、健康医疗服务等服务机构；中端布局上主要以新零售技术来支持前端的运作，通过大数据、云计算、人工智能、物联网、区块链等支持运营的数字化、赋能化、智能化和安全性，构筑大数据驱动的智慧保险新零售体系；在后端方面，以平台作为主导方式，构建开放式创新生态体系，积极引入新技术和新模式。

在前端渠道上，保险新零售产业价值链应当整合线上和线下的营销和服务资源，构成以消费者需求为中心的优势互补机制，同时为消费者提供即时体验、接触实物、体验真实的物理环境优势，也应具有搜索便利、O2O 服务、支付便捷、选择多样的虚拟环境优势，为消费者提供复合型全渠道体验，从而催生保险新零售形态。为了支持前端的复合价值，必然要对中端技术和末端生态进行价值链重构，这需要采用颠覆性的创新思维，重新定义新零售时代下的保险价值主张和创造过程，抓准生态圈的定位。最终，构建大数据驱动的保险新零售模式，由大数据来驱动商业决策，并通过物联网扩大大数据的维度优势，以云计算和人工智能加快大数据的处理速度和能力，由区块链建立合作保障机制。因此可以形成前端生产大数据，中端处理大数据，末端消化和应用大数据的结构，实现由消费者个性化需求驱动的保险新零售格局。

二、保险新零售产业价值链的价值目标

基于前端、中端和末端的基础设施，保险产业价值链可以实施新零售化的转型升级。基于新零售之轮、价值链整合、商业模式轨道、颠覆式创新和产业融合的理论，本书提出保险新零售应当具有数字化、柔性化、扁平化、共享化和生态化的特征，促使保险服务体验跟上新零售发展的脚

步，建立以消费者为中心的产业价值链运作。

根据进一步细化的保险新零售产业价值链模型，产业基础设施在新零售末端，通过保险科技的长期积累，以及新零售技术的引进与投资，根据技术发展驱动的商业模式演进轨道，逐步完善所有信息基础设施，建立高效安全的数字化体系，通过信息科技连接线上和线下业态，覆盖所有保险产业价值链内的保险公司、经纪公司、中介机构、理赔公司、科技公司、互联网企业、消费者、业务员、设备制造商、保险服务商等生态伙伴，构建商流、资金流、服务流、信息流全面融合以及全渠道协同的保险新零售生态，消费者可以自由跨越渠道和业态选择、享受即时的服务供给，并对前端业态起到赋能作用。构建技术同享化的保险生态，建立以消费者为中心的保险“人、货、场”，由前端使用信息工具来灵活满足个性化需求，协同化保险产业价值链的运作，提升消费者体验。

（一）数字化运作形态

保险新零售的数字化运作是产业价值链整合融合的先决条件，否则难以构成开放共享的保险新零售生态。数字化运作的概念顾名思义，需要所有合作者都利用大数据、云计算、物联网等信息科技来重构业务运作流程，线下业态也应当链接到线上系统，达到全景数字可视化的目标。针对保险设计、营销、承保、理赔、售后、技术等提供全面数字化运作改造，让所有流程都产生量化数字记录，尤其是在终端业态和设备上，将消费者行为进行全面数字化处理，积累起庞大的消费端、运营端、营销端、支付端、服务端、保险端的大数据库，并借助线上和线下协同的全渠道数字云处理体系，打通保险新零售产业价值链的协同智能管理，所有多维信息将通过深度融合发挥催化效应，借助数字无缝衔接企业合作，对满足消费者需求的产品、营销和服务战略提供要素支持。

（二）柔性化合作机制

柔性化合作目标是降低生态企业内合作门槛，通过平台提供生态商业模式的信任保障机制，引导生态企业都以消费者需求为中心，平台根据积累的大数据所呈现的需求趋势，对上游保险产品及相关服务的设计与营销起到指导作用，建立需求驱动供给的生态合作模式。同时，要打通信息传递的渠道，并通过挖掘、清洗和整理，让大数据能更高效的适用于价值创造，甚至能够实现柔性个性化的产品设计与服务能力。因此，可以建立柔性化的合作机制来提高企业合作的灵活性，尤其是数据传输通道的高效化打造，令保险新零售平台可以灵活整合平台资源，提高决策的快速性和精准性，协同化应对转型决策。

（三）扁平化产业链结构

在新零售生态下，线上和线下边界模糊化，促使保险行业主动朝向互联网行业的扁平化转型。扁平化组织框架更能发挥新零售生态的数字化、柔性化和共享化优势，此类组织形式需要由平台方作为牵头，整合保险产业价值链的所有环节，让所有上下游关系公开化和透明化，消除不必要的中间环节，实现保险设计、营销、理赔、服务、技术的一体化融合。比如，共享零售的参与者依托于保险新零售平台，可以越过中间代理机构直接与保险公司或相关服务商或制造商对话，将市场的最终消费需求对接到初始供给者，消除了不必要的中间环节，就连保险营销员也可以从中被绕过，节省了中间佣金，直接通过优质服务或优惠来回馈给消费者，改善保险市场的信息不透明问题，提升所有参与主体盈利能力。

（四）资源共享化机制

保险新零售生态是由携带核心资源的企业组成，未来企业竞争将会过渡为产业竞争与生态竞争，资源共享是促进新零售平台生态系统内物种互利共生的重要机制，具体方式有渠道共享、流量共享、信息共享、技术共享和收益共享，促使保险新零售生态内的闲置资源迅速在平台内流转共享，激发价值再造，不断产生新的收益，发挥平台生态内的互利机制优势。

资源共享必须建立在保险新零售平台的数字化基础之上，因为未来更具有价值的资源更可能是虚拟的，比如流量、信息、社交人脉等。对于平台而言，要建立合理的利益和风险共担机制，以便于平台生态发挥共享优势，在一定程度上消除资源共享的风险顾虑，并铺垫好保障机制，激励平台生态企业共享资源，共同为消费者创造价值。

（五）价值链生态化建设

保险新零售驱动了生态式供应链关系的发展，这将发挥互联网经济的零边际成本作用，让原本边缘化的供应链商业服务能够进入系统，与其他个体产生相互协作、相互共生的经济关系。随着新零售的演进，将促使多样性的供应链服务延伸成为供应链竞争的核心优势，让供应链能广泛吸收专业性服务，提高每个环节的专业性，这包括了市场上所有相关的细分服务行业，如品牌咨询、营销咨询、媒体广告等，共同为供应链生态附加更多功能，集成为“保险＋品牌＋服务＋硬件＋内容＋营销＋软件”的新形态，通过彼此的良性共生，更好地挖掘与满足消费者的潜在需求。

第二节 保险新零售产业价值链布局的形态

一、保险新零售产业价值链布局的基础视角

保险新零售生态以消费者的个性化需求为中心，为了满足消费者不同渠道场景的保险服务，需要建立线下设施和与线下设施不同的线上设施的服务载体。在传统保险模式下，保险销售的线下渠道和线上渠道存在比较显著的分界和竞争关系，传统的线下业务员对线上渠道较为抵触。如今，在保险新零售模式下，通过对线下服务界面的智能化改造，线上和线下渠道相互渗透、相互融合，从而使利益分配机制更加完善。比如，保险公司可以在门店终端设置一个与线上保险商业协同化的云端系统，让线下业态受益于新零售模式，突破多渠道的对立局面。

互联网保险和传统保险的融合促使保险具备全渠道功能。在保险新零售格局下，线下渠道除了具有传统保险销售的基础功能，还承担了为线

上渠道的保险业务进行理赔处理、线下咨询等增值服务，通过智能化的资源调度指引保险行业的线下产业布局更为科学。同时，新零售主导的线上渠道将是保险新零售生态圈的重要引流载体，它不仅具有线上保险销售、服务、理赔等基本功能，而且具有市场关系管理作用。它通过云平台实施消费者大数据的挖掘和分析，并为线上和线下渠道发展提供决策依据，采用协同化生态构建的方式，促使线上渠道和线下渠道紧密合作。

互联网大数据的体系越来越完善，促使数据驱动的保险新零售生态基础逐步完备，在实务中，大数据平台系统集中了营销、管理、运营等流程，大数据通过赋能辅助企业决策流程更为标准化和简便化，使其服务性能越来越强，同时市场定位越来越精准。在保险新零售的布局形态下，前端业态积累了庞大的消费者数据，后台对消费者的数据进行有效分析，提高了预测的精准性，有助于优化采购、库存和销售。成熟的大数据平台系统要引入“科技赋能”和“培育核心产品”协同战略，通过保险新零售大数据平台的建设，建立消费者的档案数据，以数据驱动生态价值链管理，提升营销精准性。

二、跨界场景商业生态

（一）商业模式

保险新零售模式是跨场景的新零售业态，满足消费者的复合价值诉求，就像盒马鲜生这样，同时满足消费者的生鲜餐饮和零售需求。保险业也应当进一步拓宽保险服务边界，超越固定保险思维，从风险本身的定义出发，用事前、事中和事后思维帮助顾客管理风险，为顾客提供风险管理的解决方案。以健康险为例，新零售保险平台既不是医疗机构，也不是保险公司，更不是设备制造商，却能帮助消费者满足全方位健康风险管理的需求，消费者可以直接通过 IoT 设备对接的 App 购买服务，通过线上 App 的远程医疗、健康课程、智能设备、动态监测、保险服务等多位服务性能，凸显新零售思维的优势，即以消费者场景化需求为中心的拓展延伸。

（二）大数据价值

保险新零售平台企业仍然是生态圈物种的中心，平台需要掌控顾客流量和大数据，这是构建以消费者为中心的先决条件，生态圈物种的进入也是生态层面的一种多元化战略，保险新零售要引入生产要素基础设施，有助于孕育和滋养生态圈物种的生长，尤其是大数据、云计算、区块链或人工智能的商业赋能，通过大数据生产要素来孵化培育新兴物种。随着保险新零售生态的规模扩张，物种多样性也会逐步增大，越来越依附于生态圈的跨界行业，尤其是智能硬件、虚拟服务等，将反哺整个保险新零售生态，建立保险新零售的闭环盈利框架。

（三）生态关系

保险新零售生态体系内，采取了多物种共生性的平台生态系统，所有企业需要认同主导者的品牌价值观，在生态体系内建立共生机制，新零售平台为所有生态链公司提供全方位支持，为产品设计、开发、营销和服务提供关键技术支持。

在保险新零售平台与生态链公司的合作中，需要设立一个生态管理的战略部门，战略部门要派遣核心架构师到生态链公司输出保险及相关产品的方法论、价值观和产品标准的要求，让场景需求和制造服务开发中都有平台方参与决策，共同为整个生态链的产品提供意见，最后可以由生态链公司决定方案。通过这种共生的设计机制，保证了生态链产品一脉相承的风格。

三、保险新零售产业价值链的发展趋势

（一）互联网保险的线下化

随着线上流量成本增高，互联网保险开始完善线下营销渠道和服务设施，以入股、兼并、自建等方式布局线下服务网点体系，并在线上注入现实场景的相关元素来构筑线下竞争优势，比如借助可穿戴设备、上门问

诊、汽车服务等行为，促使线上和线下有机结合，为互联网保险业务丰富现实场景，延展触点边界。

互联网保险应当利用成熟的信息科技，对线下触点进行技术赋能，帮助产业价值链的数字化延伸，促成消费者体验升级。互联网保险也将根据发展战略的需要，拓展线下产品与服务业务的发展，采用信息科技为线下合作商提供技术赋能，让消费者获得无缝化保险体验。

（二）传统保险的线上化

一直以来，保险业务运作是通过线下来完成的，线下服务是消费者体验的重要方式。然而，互联网保险的发展打开了新销售思路，线上渠道具有明显的信息优势。传统保险公司通过布局线上渠道，发展网络保险市场，并以扁平化的产业价值链取代传统价值链，以新零售体系加强保险相关产业的合作。

保险公司可以建立自有新零售平台，或者成为保险新零售平台的生态型企业，以这两种方式参与到新零售的建设中，对保险业务进行升级。依托于保险公司的现金流，实现在线上的生态投资建设与资源交换，与新兴行业产生紧密的共生联系，使保险公司的传统产品对接到线上，并且让保险产品与新兴服务和科技产品组合，建立与用户的线上联系，构造扁平化保险产业价值链。

（三）保险中介整合平台

保险经纪公司在保险销售场景中起到了关键作用，这部分企业的平台将会吸引保险相关生态资源融入，从而建立非保险公司主导的保险新零售，这部分平台突破了保险的职能边界，在主营业务领域囊括了充足的服务能力，保险公司及相关服务性行业是生态圈内的共生物种，以保险品牌理念为主导，响应平台客户的核心价值诉求。

在这种平台模式下，保险公司要专注于核心职能的专业能力，平台主导者将以消费者的场景化需求为中心，逐步引入精益求精的产品或服务。平台应当构建大数据协同共享模式，为平台内的企业提供技术赋能，协同完成高敏捷性的需求响应，并组建平台内部市场，整合保险产业价值链，构成开放性、共享化和共生性的平台生态。

(四) 互联网巨头主导平台

阿里巴巴集团和腾讯公司分别掌控了金融支付和移动社交这两个关键流量入口平台，将持续整合居民生活需求的一切服务，包括生活缴费、日常消费、出行工具、金融理财、饮食、生活服务等一系列生态，构造生活解决方案的一站式服务平台。通过大平台的整合，将打通所有子项目中的账号连通，最大限度释放协同运作优势，让居民生活方式便捷化。对此，保险只是互联网巨头平台中的一个环节，属于人们生活解决方案平台的一个分支，由大型平台为合作的保险公司提供技术赋能，让保险公司与互联网巨头平台合作。保险产业价值链是通过互联网巨头平台的数字科技支持，并能使用领先的大数据、云计算、人工智能等信息科技，构成互联网巨头平台生态驱动保险业发展的商业模式。

阿里巴巴集团旗下蚂蚁金服的“相互宝”便是典型案例。信美人寿是我国第一批成立的相互保险公司，投资方主要是阿里系下的蚂蚁金服和天弘基金等一系列公司，信美人寿通过阿里巴巴集团旗下支付宝来开设相互保险的推广渠道，该保险主要以支付宝内蚂蚁会员中信用积分高于 650 的用户为对象，提供免费参与的保险机制，参与者一旦发生出险，可以在经过审验后，获得相应的互助金，其他参与者会在平台内予以金额分摊。

第三节 重构保险市场的要素

一、重构保险消费的“人”“货”“场”

保险新零售的营销需要以消费者为中心，所以消费者、产品和场景是保险新零售的三要素，这就需要考察什么样的消费者会在什么样的场景购买什么样的产品，从而厘清了保险消费的逻辑顺序，将保险消费的“人”“货”“场”连接起来。传统商业的“人”是指可能发生购买行为的消费者，在保险销售中可能会与保险公司发生交易，那么这个消费者就是保险商业中关注的人；“货”是指产品或服务，传统保险商业中产品或服务是标准化的，通过生产或流程的标准化来输出统一的服务，这样能压低成本；“场”就是渠道布局，传统的保险销售行为通过代理机构与营销员开展，一般情况下，保险公司的营销员与合作网点越多，相应的市场份额就越高，保费规模就越大。这便是传统“人”“货”“场”的构成结构。

新零售的“人”“货”“场”要跳出传统思维，因为新零售是以“人”为中心的。购买者可能不是实际使用产品的人，比如投保人为被保险人投保，真正使用保险服务的是被保险人，这就要求保险公司不仅要与投保人互动，也要与被保险人互动，了解投保人对保险产品的价值诉求。新零售的“货”要超越传统思维，保险及相关服务产品都不可能是标准化的，应当以消费者的个性化体验为中心，构造“产品＋服务＋体验”的新组合，提供复合化和个性化价值；保险新零售的“场”必然要超越“人海战术”，要将购买场景与“人”和“货”联系起来。

如今，保险公司的团险业务飞速增长，市场部门面向的不是最终消费者，而是将保险产品卖给企业，由企业付费给员工购买保险，真正使用保险的是个人。最常见的有企业团体健康保险，实际上是企业为员工提供的福利，最后是由员工使用增值健康管理服务、保险理赔等，那保险公司应当以企业的员工作为服务对象。因此，团险市场的“人”是比较复杂的，要区分决策者、购买者、使用者、反对者和利益相关者，新零售的目的是要抓住最终使用诉求，发挥保险产品或服务的价值，如果过度强调其他角色可能会顾此失彼。

二、重构保险营销场景

传统商业中，销售渠道即是“场”，人们通过银行、汽车销售服务 4S

店、营销员接触到保险，现阶段我们已进入互联网保险时代，但保险与人之间的接触场景仍然缺乏主动性。新零售将连接概念扩大，使人与货不必通过中间机构而可以直接建立连接，让保险产品本身成为一种新场景，为产品融入体验、人格、社群等元素。保险行业应当在销售保险产品后，通过 App、社交平台、自媒体等方式与用户直接建立联系，并持续获得使用者需求的动态信息，直接通过大数据来了解使用者的需求，让使用者参与到后续的营销服务互动中，让“人”参与到保险及相关产品或服务的设计、改进和传播中。

保险新零售格局下，保险产品是为使用者提供保险需求的解决方案，而这种解决方案是要在特定条件下才能发挥效果，这也是场景的作用。投保人在迫切需要产品的场景下，才能唤起对产品的渴望。保险新零售需要塑造这样的场景，让使用者获得有关保险的感性体验。因此，保险公司要从传统场景思维定式中升级，提高投保人的风险意识，增强投保人的购买意愿，为用户塑造贴心、安心、暖心的服务。

众安保险公司是我国首家以互联网保险为概念的保险公司，其已经在物联网和大数据的智能化应用方面布局，率先探索了健康保险与可穿戴设备融合的模式。在 2016 年，众安保险公司和小米运动、乐动力在运动健康领域展开合作，推出了名为“步步保”的项目，允许消费者在同时购买健康保险以及可穿戴设备的情况下，将运动数据与健康保险保费挂钩。具体做法是，先利用可穿戴设备来记录消费者的生命特征，比如呼吸频率、心率、跑步步数、运动时间等，如果消费者能够坚持锻炼，那么健康保险的保费会不断降低。同时，众安保险公司开设了与跑步步数挂钩的“免费 10 万元保障的健康保险”，利用跨界营销吸引了广大用户的参与。

三、重新定义产品使用者

保险产品属于同质化较强的商品，不同企业较难有保险差异化的开发空间，这决定了顾客导向战略的必要性。在网上搜索保险关键词，介绍页上出现的大量保险产品都缺乏显著差异，消费者难以简单判断哪个保险产品更适合自己，特别是在增值服务方面，其内容会更加复杂，价值区分的难度更大。随着消费者角色的复杂化，保险新零售的价值传递核心在于使用者。

如先前所述，消费者和使用者可能不是同一人，因此新零售商应当将最终使用者的核心诉求为中心，构造价值、产品、服务和体验紧密结合的模式。在这种思维下，过去传统保险零售思维是以购买者为中心，研究购买保险投保人的短期交易行为，新零售思维要求企业思考从购买决策到使用的过程，要更加关注购买后为使用者创造额外价值的空间。新零售时代下，利用 App、可穿戴设备、新零售平台等终端开发，企业和使用者建立直接联系。企业可以通过自建触点将价值传递到以使用者为主，并开发增值服务的设施网络，让双方进行平等沟通交互。同时，企业应当了解使用者的核心需求，挖掘使用者的行为动机。

四、重新定义保险产品

产品是为了满足使用者的需求而开发的，它凝聚了用户价值诉求，随着使用者需求的扩张，也逐步形成了产品的外延。保险产品不但要提供保险的基础价值，还应当根据使用者需求的变化而不断更新和发展，使产品成为企业向外传输价值的轨道，用户和企业通过产品连接起来。

首先，通过产品保险新零售和用户建立联系，最好能够陪同使用者在某种意义上共同成长，去共同经历生活和成长。最初用户可能因为某一款保险产品而接触到保险新零售，未来平台将逐步为使用者提供相关保险及服务，满足使用者的需求，同时，帮助用户更好保障财务状况、财产状态和人身状态的稳定性。

其次，通过产品和用户建立连接，用户选择保险新零售平台成为一种身份象征，可以拥有平台内高价值服务的权利，促使用户之间形成了小众圈子，构建产品主导的强连接。

最后，通过产品建立企业和企业之间的连接，组建生态化的产业结构，引入更多的企业为保险产品提供增值服务，共同塑造产品新定义。

总的来说，保险新零售的“货”需要企业和用户建立直接联系，通过直接联系挖掘使用者对风险解决的真实需求，通过资源整合为使用者提供相应的解决方案。因此，保险产品要彻底颠覆标准化流程和产品，要提前布局产品创新体系。根据客户的需求，定制适合客户个性化的保险产品。不能只是简单地提供保险赔偿金，而是要满足使用者对产品功能和情感心理的需求。比如被保险人对健康风险存在焦虑，保险公司一方面可以根据被保险人的健康状况，提供合适的健康保险产品，另一方面应当思考如何帮助被保险人规避疾病或提前发现疾病，甚至是帮助用户发现可能导致疾病先兆的前因。

第八章 保险新零售产业价值链发展建议

第一节 保险新零售产业价值链发展思路

一、新零售与保险业融合的本质

新零售是当下新兴发展的商业概念，它对企业的商业模式和产业价值链都具有冲击性的影响，它是在消费者需求升级的背景下不断发展和演变的结果，其实践形式又是由技术变革所决定的。换而言之，消费者结构变化是需求侧，技术升级是供给侧，两者结合便构成了新零售的发展动力。保险行业与新零售的融合是必要的，因为保险产品本质上是面向广大消费者的金融服务，其内在逻辑与快速消费品有显著的共性规律，所以有必要以新零售思维重新审视保险行业的发展，实现保险行业的转型升级，进一步构建以消费者为中心的新保险业态，即保险新零售。从保险新零售的演化动因和发展路径来看，保险新零售仍然是以消费者应对风险的相关需求为出发点，比如医疗、汽车、养老、农业、旅游等，构成全渠道边界融合渗透的新生态和新业态，这会进一步发挥保险科技在消费者体验端的应用，并催生共享零售、跨界场景、自媒体等生态圈内的新物种。我们可以预测，未来的保险新零售将逐步从保险公司扩散到保险产业价值链，让保险行业变为以消费者需求驱动的产业价值链生态，这个生态会根据消费者个性化需求不断孵化出新产品、服务和体验。

保险新零售的运作会突破传统保险产业价值链的上下游主体关系，保险公司内部也应当学习互联网保险的扁平化管理，发挥组织灵活性的优势。传统保险产业价值链是推动式供应链结构，这种方式在未来消费者主导时代是不适用的，拉动式供应链是由消费者需求驱动的，这就要求产业价值链运作上要突破分工关系，使企业之间的边界更加模糊，上下游关系从分工协作变为相互融合。终端平台通过大数据来洞察消费者潜在需求，对消费者行为进行预测，并同时参与到保险及相关产品的开发中，让服务前端发挥价值作用，从而塑造复合价值的消费体验，构造需求触发、消费场景、营销体系、购物体验等全渠道新生态体系。

保险新零售的演化和发展必然是阶段性的，演变逻辑是根据现有保险及相关需求的未满足状态，即需求痛点，通过技术构建商业形态的牵引作用实现保险新零售的驱动和演变方向。根据新零售之轮的描述，我国当下保险业必然具有服务价值或者价格水平上的不足或者劣势，这都会由领先企业来突破，构成新业态的前沿面，然后驱动保险新零售业态的发展，形成下一代保险业态，新业态必然是突破传统保险的羁绊，塑造服务质量更优化的新模式。

二、利用保险新零售解决保险业问题痛点

根据前文所述，新零售能够通过算法解决销售误导以及理赔效率差的问题，因此，保险新零售可以为保险业解决人性化服务不足的问题，提高交易信息的透明度，并且减少不必要的环节，比如，减少人工操作的环节，进而减少人工操作的错误率，降低人力成本开支。要深挖那些大保险公司没有动力去开发的领域，发现现有保险商业模式的弊端，提高企业的利润。例如，在获取可穿戴设备数据的基础上，获得客户的认同感。

对此，建议我国保险公司加强新零售相关专业的人才储备，提前布局新零售领域的人力资本，提前应对保险业的升级需要。具体来说，可以跨专业招募并培育一批储备干部，同时加强在保险学和计算机科学的交叉学科方面的投入，在大学设立合作研发项目，共同开发保险智能科技。

在引入新零售模式方面，建议保险公司循序渐进，因为新零售技术的应用，必然会造成大多数基础岗位的淘汰，导致保险公司产生过剩的人力资源。对此，我国保险公司也应当提前准备劳动力的安置方案，或者将现有员工转化为储备技术性员工，提前加强专项的新零售的系统维护、信息导入导出等非复杂工作的培训工作。

三、主动加快实施保险新零售转型

近几年来随着互联网保险的发展，促使保险行业与理财的边界变得模糊，保险公司推出了大量具有分红、理财性质的产品。其实，保险行业过多涉足理财产品也是因为市场竞争的零和博弈，即保险公司之间的同质化竞争造成的，而这个局面能够由新零售来打破。通过新零售技术能帮助保险公司解决营销渠道问题，并帮助保险公司根据市场提供个性化保险的定制服务。因此，传统保险业应当积极转型，加快新零售与保险经营的融合，发挥保险的保障功能。同时，建议我国保险公司要注重大数据的积累和科学技术的发展，加强数据的融合和共享。保险公司只有通过不断的数据积累和共享，才能精确识别各类风险，进行科学定价。

我国保险公司转向也应当学习扁平化组织的观念，同时引入组织创新的系统性管理，从企业制度、激励体系、企业文化上做到培育创新的氛围。同时，我国保险及相关行业可以借鉴 IT 行业的组织模块化模式，努力推动保险服务性行业的发展，扩大第三方技术公司的科技供给，利用保险行业以及服务性行业，全面推进保险业运营的智慧化。

第二节 保险新零售产业价值链发展路径

一、重视“千人千面”消费者的个性化需求

在新零售视角下，保险产业价值链的发展目标是为消费者提供个性化的产品或服务，让保险成为一种“千人千品”的产品服务组合。保险公司通过保险科技，了解消费者的风险状况及保险需求，为消费者提供差异化的保险产品组合，并提供理赔网点、穿戴设备、服务设施等搭配服务，让消费者可以充分参与个性化的服务方案。在未来，保险新零售发展将会拓展传统保险的边界，将保险整合到互联网商业模式中，为用户提供事前、事中和事后的风险解决方案。例如，消费者在保险平台内输入自己的需求，保险平台将为消费者提供实体产品、虚拟服务、人工服务、金融产品等解决方案。

如今，天猫、淘宝、京东等综合性网络零售平台的市场已经发展得较为成熟，剩余的市场机会将出现在垂直细分型专业化领域，如服饰、旅游、音乐、烹饪等领域，这些领域内的产品或服务的复杂性较大，综合电商平台难以解决专业性的问题。因此，垂直细分领域电商产业成为电子商务产业新的增长点，它们有更明确的市场定位，能灵活应对消费客群的社会身份变化，深度挖掘客群市场需求，为不同客群身份提供专属性服务。保险新零售平台通常很难通过迅速扩充类目实现向综合性金融平台的转型，但为了更好地服务用户，增强其在产业链中的话语权，保险公司可以通过不断开拓实体产品、虚拟服务、人工服务、金融产品等业务来满足消费者的应用需求，提高客户的忠诚度。此外，面对竞争激烈的零售市场，保险新零售平台还要专注于更加细分领域的拓展，找准定位，突出专业性优势，精准地吸引相关消费者，加强顾客忠诚度和消费黏性，才能获得进一步的发展。

二、发展社交化保险新零售模式

5G通信时代将把社交媒体推到一个新高度，以短视频、图片、文字、App为代表的一系列社交方式终将会被更高传输速率的通信方式所取代，如高清化的动态影像直播，以及全息投影媒体等。社交媒体时代会塑造社交圈子化的沟通方式，也会引导销售方式从“生人销售”变为“熟人销售”，并造就以关键社交领袖为主导的社圈中心销售，也逐步会让保险产品从冰冷的金融产品变为有人情味的服务。保险新零售通过社交方式可以打造新的社交营销方式，如共享保险新零售，让消费者来为企业营销，让他（她）圈子内的消费者了解保险产品或服务，构成圈子化的消费群体，并利用社交平台、转发链接、小程序页面等方式建立线上交易渠道，还可以为消费者提供简便销售流程，提高保险购买信任度，发挥社交圈子的商业变现能力。对此，我国保险新零售可以学习国美模式，让用户在平台上建立个人网店，并将平台链接分享到社交网络，社交圈子内的用户如果购买产品能获得分红利润。另外，保险新零售还可以采取直播的形式，为观众提供产品的现场演示，利用网络红人和意见领袖的带动效应推广产品。

C2B反向定制也是社群平台的发展趋势。在C2B模式下，企业会让消费者参与到产品生产设计中，进而满足消费者的个性化需求，以实现企业和消费者的共创价值。随着互联网技术的发展以及消费者的身份边界被打破，使产品个性化定制空间巨大。在“平台＋共创”商业模式下，平台的职能并不仅仅是商家与消费者的连接，而是参与商品价值创造的引导者和为商家创造与消费者互动机遇的服务者。具体来看，平台可以通过社交属性、社群功能、互动模块为商家提供个性化需求信息，为消费者提供讨论商品或品牌的论坛、博客、聊天工具，帮助商家与消费者实现多维度的接触。消费者对商品价值的创造路径并非仅仅是购买产品，而是通过比较点评、购后评价等方式提高商品的信息透明度。商品若确实受到部分消费者的欢迎，那么通过意见领袖与消费者的口碑宣传，其价值将被进一步放大。

三、共享保险产业价值链生态

资源共享对保险新零售生态的稳定性也起到了重要作用，因为互联网时代也是共享经济时代，资源价值的让渡成本基本为零，保险公司之间的资源如果能实现相互协调，对保险公司乃至整个保险产业价值链都具有相当大的价值。新零售格局下，技术、流量、数据、信息、库存、会员等资源都具有价值再造的潜能，而且管理制度、人力资源、资金流、人脉也是可以共享的，从而释放过剩资源的剩余价值，实现以更低的代价或费用来获取互利资源，建立供应链整体化的竞争优势。未来，新零售模式也将促使保险公司之间的竞争变为产业价值链生态之间的竞争，这也对保险生态的资源共享提出了要求。

随着我国进入共享经济时代，共享模式创造的用户流量已经有目共睹。共享经济的实质是通过共享平台为资源拥有者和需求方提供撮合服务，以提高社会资源的利用率。在互联网时代，得益于现代信息技术，基于共享经济的创新商业模式解决了信息不对称问题，降低了交易成本。尤其是在小众的长尾市场，互联网最能发挥聚少成多的价值。

在共享思维下，最实用的路径就是非营利性的信息分享，这种非营利性共享建设始于兴趣社群，通过广大用户的广泛使用，发挥流量效应，并通过熟人社交网络或信息聚合发布来达到循环引流作用。比如，男士保养社区或中老年人兴趣社区，主打专业化用户原创内容，鼓励用户分享原创心得。目前，共享平台的盈利模式主要有两种形态：一是当平台用户达到一定规模后，平台将原来的免费内容转变为部分收费内容；二是打造营利性生态链，开发周边产品市场。对社群中的部分内容收费是最常见的共享平台运营模式，它们针对兴趣爱好消费群体，通过推出线上或线下的营利性教学课程项目，提高了社会专业劳动技能资源的利用效率，将专业技能普及给广大民众，增进了社会福利。同时，平台也保留了免费内容，满足了大部分非付费用户的需求。这种模式可以推动供需双方的强烈参与意愿，以流量促进盈利，可持续性较强。

正如生态系统中各个生物种群都无法独立存在而必须与其他种群相互依存一样，保险新零售生态系统也必须打造各生物种群之间相互依存关系，而非是单方面依附于平台、保险公司或销售渠道的关系。新零售驱动了生态式的保险产业价值关系，将利用互联网经济的零边际成本作用，让原本边缘化的保险服务能够进入保险生态系统核心，与其他个体产生相互协作、相互共生的经济关系。新零售的演进促使多样性的保险服务延伸成为保险价值链竞争的核心优势，让生态群能广泛吸收专业性保险服务，提高每个保险体验环节的专业性，如医疗、汽车、工程、农业等相关险种行业的服务性行业，共同为保险生态附加更多功能，更好地挖掘与满足消费者的潜在需求。

四、塑造开放式思维

保险新零售的开放式创新会给整个产业价值链带来良好的收益，通过高度开放整合行业内部和外部资源才能建立稳定的保险新生态，那么保险平台应当建立核心平台技术基础，才具备生态圈中心的资源集聚能力。首先，应当在平台技术、基础框架、产业布局、专业人员、保险服务等多方面构建平台能力，打造平台开放性格局下的“护城河”，同时，支持平台开放式创新，赋能于广大连接入平台的商家或个人，既发挥了开放式创新的积极作用，构建保险新零售平台对风险的抵御能力。其次，可以通过人工智能、区块链、物联网等新技术来重构保险新零售的基础设施体系，保险平台可以自主开发类似于小米平台的技术体系，通过平台提供代码开源，帮助创新参与者的程序创建、扩展与维护。

在开放式平台思维下，保险新零售平台会提供智能化的开放式解决方案，进行客群大数据分析，再智能化识别和定义客户需求，通过人工智能引导平台的产品品类供给，构造完整的保险消费闭环智能化服务。对此，首先，我国保险公司应当积极与互联网技术公司开展战略合作，学习京东、小米、盒马鲜生等公司的新零售模式，采用人工智能、区块链、大数据、云计算、AR/VR、物联网等技术，建立保险新零售内向型开放创新基础，让保险产业价值链具备数字化和智能化属性。接着，保险公司要主导或参与建设汽车维修理赔、合作医疗网点、医疗设施器械、大数据分析、云计算服务商等合作项目，构建智慧化保险新零售服务网络。最后，保险公司要努力培养保险新零售的跨专业复合型人才。因为保险行业的专业性较强，较多保险人员只懂保险理论，但是不具备互联网思维、新零售思维，通过跨专业的复合型人才队伍建设，帮助保险新零售企业来吸收外部创新资源，通过人才培养和储备来扩充人才团队，构建保险新零售的长期竞争软实力。

随着开放式创新模式的演进，保险平台将建设成创新创业生态的孵化系统，帮助生态圈各企业接触到新兴的技术模式。同时，不同保险公司根据自身发展规模，也应该因地制宜地选择不同的开放式创新的策略，逐步建设平台生态能力，并结合发展阶段与环境，采取更有利的开放式创新模式。大型保险公司在资金、人才、技术和关系网络方面都具有较大的优势，可以借助自身实力的资源集聚效应，吸引广泛合作者参与到自身体系内，发挥保险新零售投资的规模经济效应，成为保险新零售生态的价值整合者。中国平安、中国太保、中国人寿等大型保险公司要对保险行业起到引领作用，率先对保险生态实施开放式新零售转型，建立模范模式，以供中小保险公司学习，帮助保险行业实现整体转型，提高经营效率。中小型保险公司由于在资金、人才团队和专业技术上都缺乏与大公司相媲美的实力，应当利用“船小好调头”的优势，采用内部资源重新整合的内向开放式创新方法，提高价值创造能力，利用服务能力为平台生态塑造无缝价值。

五、应用新兴媒介进行营销传播

如今，互联网的流量红利期已过，客群引流费用以及难度都在不断加大，除了天猫、京东、淘宝等电子商务巨头，其他中小型电子商务平台都面临着严重的客流不足的问题。一般网络流量投入都是通过互联网广告的方式，最常见的是关键词排名广告、门户网站广告等，但这些广告往往费用较高，投放精准度不足，不适合于定位明确、资金紧缺、专业化的中小型平台。

自从我国进入移动互联网时代，大数据、云计算、智能算法等支撑起了精准推荐技术，众多互联网产品通过社交网络进行营销，如微信、QQ、视频网站、微博、短视频、直播等，基于社交网络、社群关系等的针对性口碑营销屡屡取得成功。比如，互联网坚果品牌——“三只松鼠”，其主打市场是“90后”爱吃坚果的女性市场。它采用三只活泼可爱的小松鼠作为品牌形象，迎合了年轻女性对可爱、人性化、小动物的独特偏好，并通过配备的餐巾纸、垃圾袋、核桃夹等工具，培养了一大批爱吃坚果的年轻女性粉丝，促使女性粉丝群体通过社交网络自发性地分享品牌，实现产品信息的传播。对于保险新零售业态，可以打造拟人化保险品牌形象，采用类似的营销传播策略提高品牌的亲民性。

移动社交互联网的持续普及与应用，进一步强化了消费者群体的交互，加剧了知识与经验在社交圈子内的传播与共享。部分拥有丰富经验和知识，或者个人魅力更强的消费者，将成为普通消费者群体的人脉资源整合者，成为主导消费市场的一种重要势力。企业和特殊消费者彼此拥有对方所需要的互补性资源，特殊消费者的资源是企业实现价值共创营销转型的关键。比如，部分消费者拥有企业无法比拟的社交资源，而企业拥有消费者所不具备的产品供应能力，这种双方资源的交互配置将有利于双方利益，有益于企业迎合小众化市场的营销推广。因此，企业应当提前布局与这类特殊群体的合作机制。比如，企业可以借助新兴社交媒体的便捷性、即时性、移动性和广泛性，将社交媒体平台融入营销体系，通过意见领袖与消费者进行互动和沟通，并通过平台来交换与整合关键资源，在发展初期需要企业适应消费行为的变化，有效识别有用的关键资源，而中期应当设立与消费者意见领袖的关键资源共享机制，进而稳固双方持久的合作关系。从市场小众化趋势来看，具有明确定位的企业可以为诸多小众市场的意见领袖提供研发性生产服务，帮助诸多消费领袖推出个人化品牌，以此为切入点逐步扩大规模。

六、打通线上和线下渠道

全渠道协同一体化是保险新零售发展的先决条件，只有整合线上与线下资源，消费者才能不受时间、地点和购买方式的限制，享受到无缝化的保险服务。

第一，消费者的保险购买需求就是保险营销的契机。因此，保险新零售的营销触点应当出现在消费者诞生潜在保险需求的时刻，保险公司在这个时候通过商品信息推广来吸引消费者的注意，可以提高交易成功率。目前，各种营销信息已经超过消费者的大脑负荷，而且大部分的营销信息对于消费者而言都是非相关的无用信息。因此，保险新零售的广告投放应当基于线上和线下协同的数据系统，通过关联营销员、代理渠道、线上渠道等多渠道信息，构建精准用户画像，并根据标签化画像向消费者精准推荐保险产品及相关服务。

第二，建立商品比较体系。随着社交媒体的发展，"跟风消费"促使意见领袖成为消费流量的中心，消费者习惯于通过社交网络来询问其他购买者或者查找其他购买者留下的评价信息。对于保险产品而言，消费者尤其关注商业医疗保险的理赔过程，消费者会选择在价格、保额、真实性、理赔难度、责任范围、服务质量、过程体验等方面更适合自己的产品。因此，保险新零售必须自主构造有利于良性循环的社群体系，通过社群成员的价值共创服务于保险消费者，吸引更多的投保人。

第三，购买渠道的无缝化。消费者在对不同品牌的保险产品进行比较后，会建立初步的购买意向，接下来开始选择最便捷、优惠的购买渠道，即通过营销员、中介渠道或者在线购买。在这个阶段，保险公司必须整合渠道，并针对不同渠道采取一致性的保险产品、责任范围、保险价格和增值服务，发挥全渠道的交叉引流效应，将消费者留存在全渠道体系内。例如，保险公司可以让线下营销员引导消费者下载官方平台 App，并与消费者建立服务绑定关系，全渠道整合线上会员系统，由官方平台提供交互工具，由营销员提供人情化服务，使消费者乐于在全渠道内购买保险产品。

第四，支付余额管理。在移动支付的迅速发展下，人们可以完全离开现金，甚至都不必记住银行卡号和第三方支付账号，仅依靠二维码或人脸识别软件即可实现数字化支付。由此可见，在移动支付技术的支持下，无论是线上还是线下渠道，人们都能通过生物识别来实现保费支付，因此，保险新零售模式可以基于物联网技术，为消费者开通基于生物识别的支付通道。甚至在不久的将来，保险新零售还会开发信用支付通道，以大数据征信体系作为依托，采用分期支付、贷款支付等方式，为消费者提供宽松的保险金融服务，让消费者获得无缝化的消费体验。

第五，顾客关系维护服务。保险新零售是以消费者需求为中心的新商业模式，在销售保单后，保险公司和消费者之间并不仅剩下理赔关系了，而是刚刚开始交易关系，因为消费者的派生化需求将为保险新零售提供进一步挖掘消费者价值的新空间。保险新零售应当根据保险产品的特点提供补充式服务，或者进一步开发闭环式产品，为保险产品提供增值价值，同时也会让消费者产生延伸性消费，让消费者有理由不断购买新产品或新服务，提高消费者的复购率与平台黏性，增加保险公司的切实利益。

第三节　保险新零售产业价值链技术布局

一、稳步推进人工智能的应用

根据《人工智能保险行业运用路线图（2018）》，我国保险业还处于人工智能化的初期阶段。本书建议，保险科技投资与发展不能保持现状，也不能过于激进，而是应当根据人工智能技术的成熟度、专业人才的规模与互联网保险公司的适应能力同步推进发展，互联网保险公司可以作为先驱者，带头进行应用。此外，传统保险业应当努力缩小在大数据、云计算、物联网等方面的差距，引入成熟的互联网保险科技，实现我国保险业全面人工智能化发展。

利用智能系统和大数据，保险公司可以建立一种新的智能决策和管理方式，以数据驱动商业实验或项目。简而言之，企业决策者在下达指令以前必须进行一个小而系统的实验：在云计算功能的帮助下，根据基本原理和企业管理决策的方法，利用仿真技术，建立相关的供应链方案模型，按照一定的随机因素的概率分布，对供应链进行模拟、仿真、比较和优化，并通过反复计算和动态决策模拟再现真实场景，为企业经营者的最终决策提供重要支持。

二、加强大数据共享，释放协同价值

我国保险行业应当加大与互联网行业的合作深度，通过数据共享释放协同价值，如对海量用户的行为数据进行定性编码，并以统一的标签形式进行管理。在大数据和新零售背景下，对定性数据进行编码显得尤为重要，这有助于提高机器学习的效率。用户标签可以帮助保险公司挖掘消费者特征的相关性，即保险公司无须采集一定的数据，通过智能系统就能自动判断用户的保险需求。我国保险业可以借鉴电子商务平台的大数据营销模式，采取个性化推荐手段，实现精准营销。此外，我国保险业应当积极布局大数据检测系统，等待大数据共享时代的来临。届时，保险公司可以通过生物识别技术防范投保人的逆向选择与道德风险，并能够迅速检测出被保险人隐瞒的疾病或遗传病史，从而通过新零售系统实施真实、有效的信息识别，并实现差异化的风险定价。

三、加强信息科技的完善与成熟应用

无论是新零售还是保险科技，其最终目的都是满足消费者的个性化需求，而信息科技应用是其最有用的实现路径。如今，中国人保、中国平安、泰康人寿、慧择网都在向新零售的方向努力，即通过兼并收购的方式增加用户触点，建立顾客大数据驱动的保险生态，并协调线上和线下的全渠道一体化。未来，保险业必须同步开拓线上和线下渠道建设，构建实体、网站、App 三种业态，将数字科技赋能于不同渠道的保险设计、营销、核保、理赔的工作流程，强化全渠道销售的敏捷、协同和精准能力。未来，纯电子商务和实体渠道都将消失，它们都将被兼具多渠道为一体的新零售商业所取代。可以预见，信息科技将支撑起保险产业价值链的新零售转型。

如今，保险行业的大数据、云计算和人工智能应用还处在初级阶段，在云服务的支持下，绝大多数的保险公司都可以低成本地使用新技术。未来，物联网、AR/VR、区块链等新科技将更加成熟，这些新技术将进一步拓宽保险新零售的发展道路。可以预见，未来保险芯片可以植入消费者的汽车、手机、可穿戴设备甚至身体内部，消费者所处的物理空间可以通过 5G 通信技术上传到区块链云端，通过人工智能来实时计算风险，保费厘定优化，即刻完成理赔，甚至实现风险预防。此外，随着终端设备的智能化联网升级，消费者足不出户即可完成保险投保、缴费、理赔、退保等一系列工作，人工审核都将被人工智能取代。

在信息科技的支持下，保险产业价值链通过转型和演化将诞生全新的分工机制，传统保险产业价值链将完全数字化，在保险科技的现有成果下，即将形成以消费者为中心的无缝保险新零售平台，保险生态也将加速信息技术的普及与扩散。未来，头部保险公司必然呈现出数字科技驱动的无缝合作产业价值链形态，并为消费者提供购买、咨询、理赔、售后等无边界的全渠道保险服务。

四、积极布局跨界融合

跨界融合也是保险新零售拓宽产业边界的重要举措，保险业根据自身发展需求及其他产业产品或服务的需求，通过融合、整合塑造全新的复合化价值。对此，保险业应当重视技术、人才、流量、资金等要素，积极布局跨界产业，超越保险金融产品的思维，与当下热门科技产品、娱乐综艺、健康医疗、汽车工业、农业生产紧密结合，构建跨界融合的新组合模式。保险公司应当发挥“产、学、研”优势，组建保险新零售技术开发平台，针对保险行业和其他行业的跨界融合需要，发展公共技术平台，为产业融合构建开放式技术平台和共享机制，以重构融合产业价值链，为消费者提供个性化的产品和服务。

保险产业融合具有庞大的潜力空间，融合后经济利益将成倍增长。其中，我国在财产保险领域可以学习美国的经验，例如，在汽车保险方面，以与车主出行相关的上下游产业为着力点，开展如汽车维修、保养、救援以及汽车金融、汽车俱乐部等形式的延伸服务；在家庭财产方面，以家居上下游产业为着力点，开展如房屋安保、智能家居、物业服务等形式的延伸服务。另外，人寿保险公司可以从人身相关需求出发，将健康医疗和养老保障作为着力点，通过和医院、药厂、养老院建立融合网络，将养老和健康需求与保险结合在一起，构成跨界融合的新产业价值形态。比如，泰康养老社区建设就是融合了地产业与保险业的相关要素。

五、人才与技术布局

我国保险业应当大力引进新零售专业人才，组建保险新零售团队。新零售发展浪潮势必为保险行业的商业供给侧变革带来机遇，因此，随着人工智能技术的发展，保险行业应当利用保险科技的赋能优势，快速接触领先的新零售概念，实施保险新零售业态的转型升级。未来，保险公司要想在新时代抓住市场先机，必须具备专业的人才团队，因为人才是技术升级和发展的保证，特别是人工智能新零售方面的专业性人才。

目前，我国保险人才建设主要集中在保险公司的内部运营管理方面，但在商业模式上的人才投入较少。而且部分保险公司还仍然停留在传统的保险时代，其人员的知识和技能较为固化，缺乏“新鲜血液”，特别是专业性复合型人才和产品创新人才较为紧缺。我国大型保险公司应该起到带头作用，加快引进与新零售相关的大数据、云计算、物联网、区块链、人工智能等技术人才，如通过并购现有科技公司的形式，将专业技术人员团队纳入麾下，帮助保险公司逐步更新现代化的保险商业模式，了解新零售格局下保险新规则，并培育保险、新零售、人工智能等多学科研究背景的复合型人才。

另外，保险行业还应当与高校建立紧密联系，加强“产、学、研”合作，鼓励高校科研人员、教师和学生共同投入到保险新零售技术的研究当中，努力培养新零售技术人才，借助高校平台不断挖掘新零售与保险融合的应用潜能，发挥知识、技术、人才、资金的综合效益，加快保险新零售理论在实践中的应用。比如，保险公司可以在新零售、人工智能、保险产品开发等多方面和高校的保险学院展开战略合作，不断加强保险技术领域的创新投入，将保险理论与行业实践相结合，推动保险业的发展。

参考文献

[1] 李亚茹.我国互联网保险营销模式发展研究[D].桂林：广西大学,2015.

[2] 王和.保险科技的未来[J].中国金融,2017(13)：105-106.

[3] 黄静,莫恒勇,李文欣.保险科技的实践创新[J].中国金融,2018(2)：63-65.

[4] 许闲.保险科技的框架与趋势[J].中国金融,2017(10)：87-89.

[5] 许闲.全球保险科技监管概览[J].上海保险,2017(11)：13-16.

[6] 王稳,张杨.互联网保险的创新趋势[J].中国金融,2017(14)：56-58.

[7] 徐爱荣,姚佳斌.国内外保险科技发展对比及策略分析[J].上海立信会计金融学院学报,2017(05)：96-105.

[8] 郁佳敏.车联网大数据时代汽车保险业的机遇和挑战[J].南方金融,2013(12)：89-95.

[9] 王和,鞠松霖.基于大数据的保险商业模式[J].中国金融,2014(15)：28-30.

[10] 陈秀芬,唐宇石.大数据时代我国互联网保险的现状与发展研究[J].改革与战略,2016(6)：33-37.

[11] 王海巍,周霖.区块链技术视角下的保险运营模式研究[J].保险研究,2017.

[12] 张连增,王缔.保险大数据条件下车险费率厘定的研究——基于

SOM 神经网络方法的车险索赔强度建模[J].保险研究，2018，365(09)：58-67.

[13] 刘文纲，田晨，马绪然.互联网时代百货零售业战略转型与创新实践研究[J].经济研究参考，2017(21).

[14] 谢合军.基于消费者视角的百货业发展研究[J].商业经济研究，2017(1)：197-198.

[15] 王小佳.实体百货经营转型策略研究[J].经济问题，2017(2)：107-110.

[16] 张晓青，杨靖，多英学."新零售之轮"驱动下新零售业态创新路径[J].商业经济研究，2018，758(19)：54-57.

[17] 王坤，相峰."新零售"的理论架构与研究范式[J].中国流通经济，2018(1)：3-11.

[18] 梁莹莹.基于"新零售之轮"理论的中国"新零售"产生与发展研究[J].当代经济管理，2017(9).

[19] 宫春艳."新零售+共享经济"的产生原因与演进趋势[J].商业经济研究，2018，750(11)：67-70.

[20] 赵树梅，徐晓红."新零售"的含义、模式及发展路径[J].中国流通经济，2017(05)：14-22.

[21] 水木然，廖永胜.新零售时代：未来零售业的新业态[J].中国报道，2017(11)：87.

[22] 雷凌航.商贸流通创新和消费升级的双向机制与政策建议[J].商业经济研究，2018(17)：16-19.

[23] 杜丹清.互联网助推消费升级的动力机制研究[J].经济学家，2017，3(3)：48-54.

[24] Yang H, Park M, Cho M, et al. A system architecture for manufacturing process analysis based on big data and process mining techniques[C]. IEEE International Conference on Big Data.

IEEE, 2015.

[25] Moriarty R T, Moran U. Managing hybrid marketing systems[J]. Harvard Business Review, 1990, 68(6): 146-155.

[26] 刘煜,汤定娜,刘遗志.零售企业实现全渠道战略的路径图[J].商业经济研究,2015(3): 20-23.

[27] 高道友.全渠道战略背景下的零售商业模式创新[J].商业经济研究,2016(12): 129-131.

[28] 陈夕.大数据驱动全渠道供应链服务模式创新探讨[J].商业经济研究,2017(11): 61-63.

[29] 许慧珍.全渠道下传统零售商业模式创新[J].商业经济研究,2015(12): 20-21.

[30] 巨荣良,王丙毅.现代产业经济学[M].济南: 山东人民出版社,2009.

[31] 龚勤林.论产业链延伸与统筹区域发展[J].理论探讨,2004(3): 62-63.

[32] 赵绪福.产业价值链中不同环节的增值差异与区位选择——天然纤维纺织产业链为例[J].时代经贸(理论版),2006,4(1): 32-33.

[33] 都晓岩,卢宁.论提高发展中国家渔业经济效益的途径——一种产业链视角下的分析[J].中国海洋大学学报(社会科学版),2006(3): 10-14.

[34] 蒋国俊,蒋明新.产业链理论及其稳定机制研究[J].重庆大学学报(社会科学版),2004,10(1): 36-38.

[35] 刘贵富,赵英才.产业链: 内涵,特性及其表现形式[J].财经理论与实践,2006(03): 116-119.

[36] 海因斯.彼得.综合材料管理: 价值链的重新定义[J].国际物流管理杂志,1993,4(1): 13-22.

[37] Gereffi G. International trade and industrial upgrading in the apparel commodity chain [J]. Journal of International

Economics, 1999.

[38] Humphrey J, Schmitz H. How does insertion in global value chains affect upgrading in industrial clusters? [J]. Regional Studies, 2002, 36(9): 1017-1027.

[39] 潘成云.解读产业价值链——兼析我国新兴产业价值链基本特征[J].当代财经,2001(9): 7-11.

[40] 卢明华,李国平.全球电子信息产业价值链及对我国的启示[J].北京大学学报(哲学社会科学版),2004(04): 63-69.

[41] 赵栋强.连锁超市价值链与商贸流通新业态的关系分析[J].商业经济研究, 2017(7): 62-64.

[42] Zott C A, Raphael R. Designing Your Future Business Model: An Activity System Perspective [J]. Social Science Electronic Publishing, 2009, 43(781).

[43] Magretta J. Managing by Numbers[J]. Executive Excellence, 2002.

[44] Ennen E, Richter A. The whole Is more than the sum of its parts or Is It? a review of the empirical literature on complementarities in organizations[J]. MPRA Paper, 2009, 36(1): 207-233.

[45] Milgrom P, Roberts J. Price and advertising signals of product quality[J]. Journal of Political Economy, 1986, 94(4): 796-821.

[46] 郭蕊,吴贵生.基于商业模式轨道的创新路径研究——以中国百货零售产业为例[J].科研管理,2017(5).

[47] Christensen C M, Rory M D, Altman E J, et al. Disruptive innovation: an intellectual history and directions for future research [J]. Journal of Management Studies, 2018.

[48] Greenstein S, Khanna T. What does it mean for industries to converge? [M]. Boston: Harvard Business School Press, 1997.

[49] Malhotra N K, Peterson M. Marketing research in the new

millennium: emerging issues and trends [J]. Marketing Intelligence & Planning, 2001, 19(4): 216-232.

[50] 植草益.信息通讯业的产业融合[J].中国工业经济,2001(2): 24-27.

[51] 李美云.论旅游景点业和动漫业的产业融合与互动发展[J].旅游学刊,2008(01): 58-64.

[52] Rochet J C, Tirole J. Platform competition in two-sided markets [J]. Journal of the European Economic Association, 2003, 1(4): 990-1029.

[53] 董常亮,刘杰.基于移动互联网时代下的零售企业创新策略研究[J].现代商贸工业,2018,39(02): 58-59.

[54] 支磊.基于共享经济的我国零售业态创新发展路径探讨[J].商业经济研究, 2017(12).

[55] 李骏阳.改革开放以来我国的零售革命和零售业创新[J].中国流通经济, 2018, 286(07): 5-13.

[56] Hurni T, Huber T, Dibbern J. Coordinating platform-based multi-sourcing: introducing the theory of conventions[C]. International Conference on Information Systems, 2015.

[57] Yuen, Fung K K. Development of an enterprise decision platform: Service-Oriented Architecture approach[J]. International Journal of Intelligent Information and Database Systems, 2010, 4(2): 156.

[58] 齐永智.平台战略视角的零售企业转型研究[J].价格理论与实践, 2015(3): 108-110.

[59] 吴瑶,肖静华,谢康,等.从价值提供到价值共创的营销转型——企业与消费者协同演化视角的双案例研究[J].管理世界,2017(4).

[60] 狄蓉,徐明.服务主导逻辑下服务创新价值共创机理及对策研究[J].科技进步与对策,2015(7): 33-38.

[61] 戴德宝,顾晓慧.用户参与行为、感知价值与忠诚度: 基于移动短视

频社交应用的分析[J].消费经济，2017(02)：60-67.

[62] 单汨源，李洁，刘小红.社交网络环境下消费者意见领袖对消费者态度的影响研究[J].消费经济，2017(01)：58-64.

[63] 毕达天，马卓，刘健.用户参与视角下移动社交网络互动特征及模式研究[J].情报理论与实践，2016，39(9)：90-95.

[64] 安静，郑荣，曾新勇.网络意见领袖对女性消费者购买行为的影响研究[J].商业经济研究，2015(36)：59-60.

[65] Chesbrough H. Bogers M. Explicating open innovation：clarifying an emerging paradigm for understanding innovation[J]. Social Science Electronic Publishing，2014.

[66] 董常亮，刘杰.基于移动互联网时代下的零售企业创新策略研究[J].现代商贸工业，2018，39(02)：58-59.

[67] 宋洋洋.基于产业融合路径的我国传统零售业创新发展策略探究[J].商业经济研究，2018.

[68] 王刚.大数据背景下基于云平台的资金管理研究[J].经济论坛，2018，579(10)：120-123.

[69] 徐印州，林梨奎.新零售的产生与演进[J].商业经济研究，2017(15).

[70] 杜睿云，蒋侃.新零售：内涵、发展动因与关键问题[J].价格理论与实践，2017(02)：141-143.

[71] 蓝海燕，刘旭晔."共享零售"的含义、消费驱动与演化路径[J].中国流通经济，2018(2)：8-16.